MIRANDO EN LA GLORIA

*Derecho de primogenitura de cada Creyente
Para Caminar en lo Sobrenatural*

BRUCE D. ALLEN

STILL WATERS INTERNATIONAL

PO Box 1001 Chewelah WA 99109 United States

Este libro y todos otros, destino imagen, Revival prensa, lugar de misericordia, pan fresco, destino imagen ficción y libros de casa del tesoro están disponibles en librerías cristianas y distribuidores en todo el mundo.

Para una librería de Estados Unidos más cercana, llame +1-509-340-1369. Para obtener más información sobre distribuidores extranjeros, llamar al +1-509-340-1369. Comunicarse con nosotros en el Internet: www.stillwatersinternationalministries.org.

ISBN: 978-0-9978572-0-7

Para la distribución por todo el mundo, impreso en los Estados Unidos. 1 2 3 4 5 6 7 / 14 13 12 11

DEDICACION

Quiero dedicar esto a todos aquellos que tienen hambre por conocer al Señor de una manera más íntima. No sólo es posible, es su destino! Mi esperanza y oración para usted, es que dentro de estas páginas encontrará inspiración que lo impulsará hacia el más noble de los esfuerzos — conociéndolo a Él así como usted es también conocido y dándose cuenta de que es creado en El para maravillosas obras!

CONTENIDO

El Reconocimieto

Quiero dar las gracias a mi hijo, David, por sus horas de trabajo de transcripción para que este mensaje sea impreso.

Mi agradecimiento de corazón a mis padres y esposa por su lectura de prueba—trabajo tedioso!

Gracias, Stan y Nancy Patterson, por vuestro entrenamiento y habilidades de edición, pero especialmente por vuestro aliento.

Sería imposible dar las gracias a todos los que han jugado un papel vital en este trabajo a través de su aliento y entrada, sin embargo, voy a tratar de nombrar algunos: Pastor John y Ruth Filler, reverendo Jerry y Chip Foster, Dave Richards, el reverendo Francis Khoo, reverendo Collin y Marie Gordon, Wilson Ng, Vera Lim, Irwan Lee, Pastor Glenn Dunlop y nuestra familia irlandesa, Warren Dunlop, Pastores Barry y Kay Hill y la familia en el centro de la vida cristiana. Sé que me he perdido a muchos en mi agradecimiento, y mi intención es reconocer a todos por su amor y apoyo, gracias!

Aprobacion

Los lectores se quedaran asombrados de Mirar a la Gloria de como Bruce Allen describe "lo sobrenatural" que debe de ser "la norma" para cada creyente. Este libro es una enseñanza y un testimonio para aquellos que buscan nuevos niveles de intimidad espiritual con el Padre, Hijo y Espíritu Santo. Es la primogenitura de cada creyente ver en el Reino del Espíritu y Bruce proporciona instrucción sistemática para aumentar nuestra capacidad para activar nuestros ojos espirituales.

Rev. Dr. Stan y Nancy Patterson
New Beginnings Ministry Salem, South Carolina

Penetraciones reveladoras del Dr. Bruce Allen desde el rico depósito de la Palabra de Dios se hace vida poderosamente en usted a medida que camina en este viaje espiritual con El. Línea por línea que el expone los logotipos hasta que se convierte en un rema en usted lo cual le empujara a usted a un alto nivel de gloria de Cristo resucitado que usted sólo ha soñado!

Dr. Flo Ellers Global Glory Ministries, Inc.
          Maricopa, Arizona

Escuchamos acerca de la gloria y pensamos de que sabíamos acerca de la gloria hasta que leímos Mirando a la Gloria. Ahora, estamos listos para experimentar la gloria!

Bob y Toni Lauritsen
Chewelah, Washington

Hay algunas personas que han pasado tiempo investigando lo supernatural más que el Dr. Bruce Allen. No sólo Él ha hecho de lo sobrenatural un estudio de vida, pero también lo ha hecho un lugar de permanencia. Porque hoy en día hay tantas doctrinas falsas sobre lo sobrenatural, que usted encontrará a Mirando a la Gloria un libro de lectura obligatoria para el presente, así como un libro de referencia para sus propios futuros estudios sobre el tema. Mirando a la Gloria es muy oportuna para esta temporada, y me da mucha alegría de respaldarlo.

John Dean
President, Alliance International Ministries Hagerstown, Maryland

En la aventura de la vida hay una historia de despliegue continuo que relata la batalla por la fe y la creencia en algo épicamente mayor. Es ese el argumento que Bruce continuamente nos exhorta a continuar y proceder más alto en el diseño final de Dios para nosotros individualmente y colectivamente. Como una voz "clamando en el desierto," sus escritos y enseñanzas están llenos de gran revelación de la Palabra, historias de amor y poder milagroso de Dios y dirección profética práctica de cómo presionar en el Señor a través de un enfoque de descanso en El. Mirando a la gloria es otra parte excitante del cuadro que le inspirará a profundizar en el corazón increíble del Padre hacia su viaje a casa.

Bryan Stockdale
Vantage, Washington

Hay muchos libros Cristianos en el mercado sobre la fe—y aquí hay otro. No es su libro ordinario de "fe", pero una mirada en la cara y el corazón de Dios para creer realmente que nosotros podemos hacer lo que Jesús dijo que Él está haciendo ahora. ¡Le desafío leer y creer que lo que Jesús dijo—cada palabra—es verdad, y que podemos caminar en la plenitud de quien Él es y lo que Él está haciendo en poder milagroso, en Su gloria y en Su fe!

Teresa Shannon
Senior Pastor, Abundant Life Fellowship Chewelah, Washington

Mirando a la Gloria es verdaderamente una inspiración! Es tan refrescante lecr algo sobre lo sobrenatural, ensayando en experiencia, con la Escritura que lo respalde. Este libro proporciona confirmación a lo que Dios me ha ido revelando de lo cual he sido reacio a aceptar. Lo pondrá a prueba para ir más profundo, más alto, más ampliamente y más lejos que usted alguna vez ha experimentado antes y a saber de qué ese es su destino. Como somos alentados al encuentro del Señor, Bruce Allen cita las promesas proféticas del séptimo día, "lo más celestial que sea su mente, lo mejor que usted se transformara terrenalmente!"

Pastors Tim ad Cindi White
Tri County Christian Center Deer Park, Washington

Me paro en el temor de Dios después de leer el último trabajo de Bruce Allen, Mirando a la Gloria. Todo el cielo debe haber esperado "un momento como éste" para el lanzamiento de la revelación ungida compartido en las páginas de este libro ordenado por Dios. La aventura llena del Espíritu en el cual Dios ha tomado al Dr. Bruce durante toda su vida revolverá seguramente una gran hambre dentro de usted, como lo hizo en mí, para experimentar la plenitud maravillosa de Cristo en esta hora. Muchos años de Bruce de búsqueda apasionada de Dios dio lugar a estas revelaciones de cambio de vida, de la gloria de Dios de que el cuerpo de Cristo serán bendecido a participar. Y como el Dr. Bruce comparte, el experimentar la Gloria es el deseo de Dios para todos los seguidores de Cristo hoy. Es mi privilegio y un honor apoyar incondicionalmente y recomendar Mirando a la Gloria.

Theresa Marszalek
Breaking Out Ministries Spokane, Washington

Bruce Allen ha declarado que quiere cambiar y provocar a la gente a salir fuera de su zona de confort y a entrar a una pasión para un caminar más íntimo con Jesús—para buscar su rostro y experimentar lo sobrenatural como normal en sus vidas. ! En Mirando a la Gloria el hace justamente eso! En su forma de escritura, sus testimonios y experiencias y la Palabra de Dios, él dibuja en un deseo de apropiarse y tocar la gloria de Dios—para caminar en él como Jesús caminó como una experiencia normal! No para unas pocas personas selectas, pero para todos nosotros! Este es un "debe leer" que usted no querrá dejar!

Reverend Norman T. Westly, retired Arch-Deaconess Virginia (Ginger) Westly Catholic Church of the East

Prólogo

Mientras usted lee este libro, Bruce Allen le llevará en un viaje de descubrimiento. Él Le guiará al mundo invisible del Espíritu donde tendrá sus ojos espirituales activados. Lo invisible, del mundo invisible, ha sido descrito por un famoso físico como se compara a una distancia de 50 millas. Para la mayoría de los creyentes hoy, el comprender del reino espiritual es como saber aproximadamente 2 pulgadas de esas 50 millas.

Hermano Allen le dará evidencia de este mundo invisible en las escrituras, de verdad, explicada con conceptos de la física cuántica, de las experiencias personales de su vida, y de los testimonios de otros. ¡Usted llegará a comprender que puede estar en dos lugares en el mismo tiempo! ¡Sí! ¡Las Escrituras simplemente declaran que ustedes ya están sentados junto a Él en los lugares celestiales (véase Efesios 2:6)! La física cuántica tiene un concepto llamado enredo cuántico, que establece que cuando los electrones se conectan, se quedan enganchados y deben permanecer conectados en el mundo invisible oculto. ¡Como hermano Allen le guía cuidadosamente a través de este libro importante, usted tendrá al Espíritu Santo precioso confirmando una y otra vez que usted tiene acceso a todos los derechos del Reino de Dios! ¡Usted puedes ver y decir lo que Dios ve y dice! ¡Usted ha tenido Su autoridad invertida en Usted. Usted es la Novia de Cristo y tiene todo el poder de Su nombre!

¡Este viaje va a cambiar su vida. Bruce Allen está a punto de enseñarle, de la palabra de Dios, tenga cuidado con lo que vea y diga porque eso es lo que va a conseguir! ¡Estará habilitado y sabrá su misión y propósito para su vida! Sí, usted estará "mirando a la gloria." ¡Van a ver lo que Dios ve! A medida que usted observe lo que Dios observa, usted hará que su poder transforme su realidad para convertirse en Su visión de su potencial y tomar su lugar en el Reino de Dios. Mirando a la Gloria está a punto de convertirse en guía de asignación de vuestras vidas.

Dr. David Van Koevering

President and Founder of Elsewhen Research

www.elsewhen.com

Prefacio

Durante décadas, la iglesia ha sido mecida a un sentido de autosatisfacción y estancamiento seudo-espiritual, habiendo abrazado y elevado las tradiciones para tomar el lugar de la palabra de Dios.

Hemos visto la iglesia del primer siglo--un testigo vibrante, de gran alcance para el amor y el poder de Dios—cambiada en una doctrina vacía del hacer y del no hacer, teniendo apariencia de piedad, pero carente de poder que es inherente a la naturaleza misma de la Palabra de Dios y del Dios de la Palabra.

Alrededor del mundo, las multitudes están clamando por la realidad de un Dios viviente, un Dios que es fiel a Su palabra, un Dios que está activamente interesado en la vida de Su creación, un Dios de poder, señales y prodigios. Porque la iglesia no ha podido describir y demostrar la realidad de este Dios vibrante, las multitudes han recurrido a prácticas del ocultismo y satanismo, tratando de llenar el vacío dejado por una iglesia sin poder.

Lo que no entendemos en la palabra de Dios lo colocamos en el estante del misticismo, el diablo, una dispensación anterior o incluso relegamos esas cosas a una edad futura cuando estemos habitando en el cielo con el Señor. Mientras cada una de estas categorías tiene mérito, la relegación por mayor de algo que no entendemos a un lugar de oscuridad, simplemente porque no lo entendemos, es peligroso para peor y bruta ignorancia para mejor.

En medio de este aparente vacío y la falta y a pesar de nuestros intentos de razonar algo que no encaja en nuestra "zona de conforte religioso", el Señor está moviendo por su Espíritu de manera poderosa en todo el mundo. Lamentablemente, gran parte de la iglesia no tiene conocimiento de lo que está haciendo el Señor. Buscadores de la verdad están teniendo encuentros con la Verdad—Jesús. Manifestaciones raras se están divulgando en todo el mundo—visitaciones de Ángeles, las visitas de Jesús, polvo de oro, plumas, piedras preciosas, maná del cielo, curaciones inusuales, muchos siendo levantados de los muertos, los milagros de la fuente, caminar sobre el agua, traducciones, encuentros del tercer cielo y mucho más.

¿La pregunta surge—es ese Dios? ¿Es algo de esto bíblico? ¿O es el diablo falsificando estas manifestaciones y experiencias para alejar a las multitudes de la realidad del Dios verdadero?

La respuesta es tan simple como es compleja. Sí, Dios puede y está haciendo estas cosas hoy en día, y si, el diablo también está falsificando algunos de estos milagros para atraer a la gente lejos de la verdad.

Como creyentes, tenemos acceso a las esferas de posibilidad en el Señor que no hemos podido explorar por desconocimiento, temor o incredulidad. Mientras debemos ser circunspectos en nuestro enfoque a lo sobrenatural, no debemos inmediatamente descartar cualquier cosa de naturaleza sobrenatural. Debemos ser estudiantes de la Palabra, y debemos ejercitar discernimiento divino.

¡Discernimiento no es juicio! Es aplicar propiamente la Palabra de Dios a cualquier situación y tener nuestros "sentidos listos para discernir el bien y el mal" (Heb. 5:14). Mucho de lo que hemos llamado discernimiento es juicio basado en nuestro sistema de creencias independientemente de lo que enseñan las Escrituras.

En la Palabra de Dios se encuentran llaves para prepararnos para interactuar mejor con esa esfera que se llama el tercer cielo o el Reino del Espíritu. San Juan 14:12 dice, *"En verdad, en verdad os digo: el que cree en mí, las obras que yo hago, el las hará también; y aún mayores que éstas hará, porque voy al Padre."*

¿Qué quiso decir Jesús exactamente cuando dijo que haríamos las mismas obras que El hizo y aún mayor? Mayoría de la gente inmediatamente gravita hacia los milagros realizados en la vida de Jesús y codicia o desea de esas mismas manifestaciones en sus propias vidas. Sin embargo, si estudiamos la vida de Cristo nos encontramos que había algunas obras "primeras" en que El caminaba donde pocos, si algunos, quieren emular. Por ejemplo:

Cristo, en los días de su carne, habiendo ofrecido oraciones y súplicas, con gran clamor y lágrimas al que podía librarle de la muerte, y fue oído a causa de su temor reverente; y aunque era Hijo, aprendió obediencia por lo que padeció (Hebreos 5:7-8).

Él aprendió "temor" y él aprendió "la obediencia por lo que sufrió". Mayoría de los cristianos cree poco o nada sobre el proceso de obtener carácter semejante a Cristo. Lo que queremos es la guinda del pastel— los milagros, señales y maravillas sin el fundamento del carácter en nuestras vidas.

Haya, pues, en vosotros esta actitud que hubo también en Cristo Jesús, el cual, aunque existía en forma de Dios, no consideró el ser igual a Dios como algo a qué aferrarse, sino que se despojó a sí mismo tomando forma de siervo, haciéndose semejante a los hombres. Y hallándose en forma de hombre, se humilló a sí mismo, haciéndose obediente hasta la muerte, y muerte de cruz.

(Filipenses 2: 5-8).

Jesús, *"se despojó a sí mismo tomando forma de siervo, haciéndose semejante a los hombres" (Filipenses 2:7).* Una vez más, es una "obra" que Jesús hizo, la cual pocos ni siquiera conciben de hacer, ni tampoco abrazando y caminando en ella. Además, se humilló a sí mismo y se hizo obediente hasta la muerte (véase Filipenses 2:8). Mayoría de los cristianos son egocéntricos y orgullosos, con una forma de piedad pero negando la eficacia de éstos al negarse a permitir que el Espíritu Santo nos limpie de nuestras obras muertas y los deseos de nuestra naturaleza carnal.

Esto es sólo un pequeño ejemplo de algunas de las obras fundamentales que hizo Jesús antes de empezar Su ministerio público con milagros, señales y maravillas siguiéndole.

Otro factor clave de caminar en lo sobrenatural se encuentra en San Lucas:

Entonces los condujo fuera de la ciudad, hasta cerca de Betania, y alzando sus manos, los bendijo. Y aconteció que mientras los bendecía, se separó de ellos y fue llevado arriba al cielo. (San Lucas 24:50-51).

Mientras que la iglesia ha estado en el proceso de crecer en El, el Señor ha guiñado el ojo a nuestra ignorancia y pasó por alto a veces:

Por tanto, habiendo pasado por alto los tiempos de ignorancia, Dios declara ahora a todos los hombres, en todas partes, que se arrepientan (Hechos 17:30).

Cuando fui a vosotros, hermanos, proclamándoos el testimonio de Dios, no fui con superioridad de palabra o de sabiduría, pues nada me propuse saber entre vosotros, excepto a Jesucristo, y éste crucificado. Y estuve entre vosotros con debilidad, y con temor y mucho temblor. ni mi mensaje ni mi predicación fueron con palabras persuasivas de sabiduría, sino con demostración del Espíritu y de poder, para que vuestra fe no descanse en la sabiduría de los hombres, sino en el poder de Dios.

(1 Corintios 2:1-5).

En un principio cuando Pablo llegó a Corinto, la única manera en que podría comunicarse efectivamente con ellos y ver cumplidas sus necesidades era llegar más allá de su ignorancia de Dios y su falta de desarrollo espiritual, demostrando el poder de Dios.

El poder de Dios y la unción con los dones de nueve manifestaciones del Espíritu Santo mencionados en primera de Corintios 12 siempre han estado en el nivel de entrada básica de viaje espiritual de los creyentes. El plan original del Señor fue para que estas señales sigan a cada creyente, no sólo unos pocos selectos quienes de alguna manera han logrado un pináculo estratosférico de la iluminación.

Y estas señales acompañarán a los que han creído: en mi nombre echarán fuera demonios, hablarán en nuevas lenguas; tomarán serpientes en las manos, y aunque beban algo mortífero, no les hará daño; sobre los enfermos pondrán las manos, y se pondrán bien

(San Marcos 16:17-18).

El Señor ha destinado que las manifestaciones espirituales, sean experiencia Cristiana normal -- un lugar sorprendente para nosotros en nuestro viaje en el Señor, nunca un lugar de parada o un lugar de acampada hasta que hemos completado y hemos cumplido nuestro destino aquí en la tierra. ¡Como alguien dijo una vez, el Señor nos ha llamado a ser pionero, no los colonos! Las experiencias deben convertirse en más frecuentes y más poderosas a medida que crecemos en la fe y la semejanza a Cristo y debe llevar mayor fruto para el reino mientras progresamos.

Mi oración y pasión en escribir este libro es que usted, el lector, entre en su derecho a ver en el Reino del Espíritu y que se active para caminar regularmente en ese reino.

Introducción

Con los años, en adición a estudiar las Escrituras he disfrutado incursionando en otras ciencias y disciplinas como la física cuántica. La mayoría de estas disciplinas parecen ser contrarias a lo que se enseña a menudo desde el punto de vista teológico o una visión tradicional del Cristianismo. Porque he sido un amante de la Palabra de Dios y el Dios de la Palabra ya que primero me salvó, he ramificado hacia fuera a estudiar algunos de los hechos interesantes en las ciencias. He sido enriquecido y cuestionado por el evidente diseño de todas las cosas en la creación. Me encanta estudios de palabra de los idiomas originales y se me ha conocido por estar perdido en estas misiones durante horas interminables, teniendo que ser llamado hacia el presente por mi esposa o a la natural necesidad de sustento y descanso. En todos estos años de estudio he aprendido algo profundo—nuestro Dios es un Dios maravilloso! Tiene cosas reservadas para nosotros que son más allá de nuestra comprensión, pero no están más allá de nuestra fe.

Permítanme dejar esto muy claro... en el Mundo Occidental tenemos una mentalidad Greco-Romana. Averiguamos cómo Dios puede hacer algo antes de que en realidad creemos que Dios pueden hacerlo. Todas nuestras vidas nos han enseñado a razonar y cuantificar nuestro mundo natural. Pero en la cultura Hebrea comprendieron que el Señor era un Ser sobrenatural por encima de la ley natural; nada era imposible con El, y, si no confortable con este conocimiento, llegaban al menos a aceptar este hecho. Ellos entendieron que un Dios omnipotente no era Alguien que podía entenderse con una mente finita. Así vivieron con una comprensión de la posibilidad de una intervención divina sobrenatural. Esto, también, fue más allá de su capacidad de razonar. Tenemos que volver a fe donde decimos: "Dios lo dijo y eso es suficiente para mí; No tengo que entenderlo".

Lo que examinaremos en este libro es muy simple y al mismo tiempo muy profundo. Veremos muchas escrituras explicando para nosotros exactamente lo que el Señor quiere que sepamos y esperemos que nos desmitificaremos algunas cosas que permitirán a todos a entrar más plenamente en nuestra herencia en Cristo. Usted va a comenzar una aventura en Dios que hasta ahora sólo ha sido un deseo, pero por medios de comprensión de las Escrituras tendrá acceso a los misterios del Reino de los cielos por sí mismos. *"Entonces les abrió la mente para que comprendieran las Escrituras" (San Lucas 24:45).*

Cualquier revelación que tiene es porque Dios desea que usted tenga conocimiento y comprensión. No me importa si usted estudio la Biblia durante cien años, la única revelación que obtendrá es porque Dios lo estime necesario o porque su amor abre su entendimiento para poder comprenderla. Nunca ha habido un mejor momento en la historia que ahora porque hemos entrado en una hora de una sorprendente versión de revelación. En mi libro anterior, compartí cómo esta generación es el destinatario de la liberación de la mayor revelación que la iglesia haya caminado, desde Cristo ha pisado esta tierra1 Usted y yo, como un cuerpo de creyentes, como la iglesia, vamos a crecer en la plenitud y la estatura del conocimiento de Dios en El.

Y Él dijo: *"A vosotros se os ha concedido conocer los misterios del reino de Dios, pero a los demás les hablo en parábolas, para que VIENDO, NO VEAN; Y OYENDO, NO ENTIENDAN."* (San Lucas 8:10).

A aquellos que siguen a Jesús se les ha dado a conocer los misterios del Reino de Dios. Pero para el resto — aquellos que no son Creyentes y que están fuera del pacto que tenemos a través de la sangre de Jesús—estos misterios están en parábolas, para que viendo, y oyendo no entiendan. Si usted es un creyente renacido en Jesús, se ha dado a usted a conocer los misterios del Reino. ¡No sé de Usted pero esto emociona mi corazón! Tantas cosas en Dios que no sabemos ni siquiera entendemos! ¡Hay mucho en Dios que aún tenemos que descubrir! De hecho, vamos a estar "descubriendo" a Dios por toda la eternidad. Así es cuan vasto es El. ¿Por qué no empezar ahora?

Durante demasiado tiempo, incontables Creyentes han vivido en el desierto del Reino natural. Multitudes de creyentes nunca han sido concedido acceso y ni han probado de la bondad del Reino de Dios. De hecho, Dios reprendió a los Fariseos por no entrar en el Reino de Dios y por no permitir que otros entren en él, así (véase San Mateo 23:13; San Lucas 11:52). Hemos permitido que los dogmas y doctrinas de la razón natural reemplacen algunas de las verdades escriturales básicas disponibles para cada creyente.

Hemos sido un cuerpo de creyentes como un todo que ha nacido con evidentes desventajas cuando camina en el Reino del Espíritu. Digo el desierto del Reino natural, porque este ralmo es una sombra de la verdad, y para la mayoría de los creyentes esto es también un viaje en el desierto antes de entrar en la tierra prometida que Jesús dijo que iba a preparar un lugar para nosotros (véase San Juan 14:2)

Nota Final

1 Bruce D. Allen, Promesa del Tercer Día (Shippensburg, PA: Editores Imagen de Destino, 2007), y Bruce D. Allen, La Promesa Profética del Séptimo Día (Shippensburg, PA: Editores Imagen de Destino, 2010).

CAPITULO UNO

Ver: Una Ocurrencia Sobrenaturalmente Natural

Habiendo caminado durante muchos años como un creyente antes de que mis ojos espirituales fueran activados, creo categóricamente que la ceguera espiritual es más incapacitante que la ceguera natural.

Cando un bebé nace, en los primeros días de desarrollo del niño no ven claramente. Ellos ven las sombras, pero eventualmente en el transcurso de unos pocos días o semanas como desarrolla sus ojos empiezan a ver con claridad. Las escrituras dice, "sin embargo, lo espiritual no es primero, sino lo natural y después lo espiritual" (1 Cor.15:46). De la misma manera, como hijos de Dios, cuando nacimos de nuevo en el Reino de Dios, Su intención y propósito para nosotros fue que todos nuestros sentidos espirituales sean desarrollados, incluyendo el tener nuestros ojos espirituales abiertos.

¿Por qué eso no sucedió? Por alguna razón inexcusable, parece que nosotros pensamos que la capacidad de ver en el Reino del Espíritu pertenece a los pocos que han alcanzado el pináculo de la fe, o que estos tipos de experiencias "místicas "no son de Dios. Permítanme decir que estos tipos de experiencias pertenecen a todos los hijos de Dios, no sólo a unos pocos!

Esto es como decir uno en cien de todos los niños natos va ver cuando nace y los demás van a andar en oscuridad todo el resto de sus vidas. Como esto no es normal con los hijos naturales no debería ser la norma para hijos espirituales. Debe ser raro si no inexistente para los creyentes en la iglesia que no vean en el Reino spiritual! Tratare de mostrar claramente de la palabra de Dios – que le pertenece a usted como un creyente renacido en Jesús.

Pero, ¡ay de vosotros, escribas y fariseos, hipócritas!, porque cerráis el reino de los cielos delante de los hombres, pues ni vosotros entráis, ni dejáis entrar a los que están entrando. (San Mateo 23:13)

En otras palabras; " Ustedes líderes religiosos no permiten que nadie entre, porque ustedes no han ido, por lo cual hacen creer a todos que porque ustedes no han entrado, nosotros tampoco podemos." Ahora, esta es una paráfrasis, pero es preciso.

La palabra entra en griego significa literalmente, "entrar o entrar en". Por desgracia, hemos espiritualizado muchas cosas en las escrituras que no entendemos, o por incredulidad e sacar conclusiones que no son de las escrituras.

Desarrollar la Vista

Déjeme darle un ejemplo. Una vez que acepté a Cristo como mi Señor y Salvador volví a nacer y ahora, según la Biblia, estoy en el Reino de Dios. ¿Basado en estas escrituras, permítame preguntarle algo—un hombre o una mujer puede estar en dos lugares al mismo tiempo? Bíblicamente, la respuesta es que sí. La Biblia dice que ya está sentado junto a él en los lugares celestiales (véase Efesios 2:6). No dijo que algún día estarías en esos lugares celestiales. Está ahora! Por lo tanto, está en dos lugares al mismo tiempo.

Cuando nacimos en este reino natural, comenzamos a ejercitar nuestros cinco sentidos naturales, gusto, tacto, oído, olor y vista. Cuando comenzamos a crecer, aprendemos a través del proceso de ensayo y error, a través de la práctica, a participar de este reino natural con nuestros sentidos naturales. Y sin embargo, después de haber nacido de nuevo y ser hijos de Dios, no somos capaces de crecer espiritualmente de la misma manera. ¿Por qué? Si vamos a ser honestos, es porque nunca nos han enseñado que esto es posible, y mucho menos plausible.

En esencia, lo que hemos hecho es recrear un Dios sobrenatural en nuestra propia imagen basada en nuestro propio entendimiento. Al hacerlo, hemos limitado nuestro derecho de nacimiento como creyente y la capacidad que nos dio en el nuevo nacimiento para ser todo lo que la palabra dice que somos!

Porque el Reino natural es más real y tangible al ser humano que el Reino del Espíritu, nos conformamos con lo que podemos ver, no por lo que ha sido adquirido por nosotros a un costo tan alto—la sangre de Jesús. Quiero decirle que el Reino del Espíritu es más real que este reino natural al que nos hemos acostumbrados. Este mundo es pero una sombra y un anticipo de la verdad que debe ser encontrada en Cristo. Cuando entramos a la plenitud de lo que Dios tiene para nosotros—cuando comenzamos a ver lo que realmente es nuestro—hace a este mundo, pálido en la insignificancia comparada con la inmensidad de lo que nos pertenece a nosotros como hijos del pacto de Dios. Esta vida entonces toma su debida perspectiva.

Perspectiva de Reino

Mientras estudiamos las palabras que habló Jesús en el nuevo testamento, descubrimos que El predicó en repetidas ocasiones sobre el Reino de Dios y el Reino de los Cielos. Su mensaje no fue exclusivamente centrado en salvación, como cuestión de hecho, El habló más sobre el Reino de Dios y el Reino de los Cielos que hizo acerca de la salvación. ¿Por qué? La salvación es la entrada o el portal— la entrada en el Reino de Dios. Una vez que ha aceptado a Cristo, ahora tiene acceso gratuito a un reino de existencia que nunca sabías antes. Salvación abre la puerta.

El Señor quiere que todos lo acepten como Salvador, porque su corazón es que ninguno perezca. Sin embargo, El también desea que nos crucemos el umbral a su Padre. Jesús sabía que solamente cuando entramos e interactuamos con el Reino de los Cielos podemos progresar ganando nuestra herencia y gobierno como hijos.

¿Dónde está el Reino de Dios ahora? Es dentro de nosotros y es también alrededor de nosotros. Déjenme decir esto: La tierra es un componente que está dentro del Reino de Dios, pero el Reino de Dios abarca mucho más que el Reino natural. En aras de la explicación, digamos que está sentados en un estadio de fútbol. Llamaremos a ese estadio y todo lo que es en él el Reino de la eternidad (mal ejemplo pero les pondrá mi punto). En este reino que se llama el Reino de la Eternidad hay una inmensidad más allá de lo que podemos comprender. Este es el "lugar" donde Dios mora.

Ahora en este lugar donde Dios habita, habló y fue algo creado—lo que llamamos el universo o el Reino natural. En esa gran inmensidad llamada eternidad, Dios creó algo que era mensurable, que era tangible, y que era cuantificable, se llama tiempo y el espacio. La eternidad es su reino. El Reino de Dios es inmenso, más allá de nuestra comprensión.

Lo que me asombra es que el Señor dice que todo lo que creó entra en la palma de su mano. Un palmo se mediría desde el extremo del pulgar hasta el final de su dedo meñique mientras usted sostiene su mano abierta (véase Isaías 40:12). La profecía mesiánica acerca de Jesús en los Salmos dice: Tú le haces señorear sobre las obras de tus manos; todo lo has puesto bajo sus pies:

(Salmos 8:6).

Jesús entonces indico en San Mateo 28: 18-19 que El invirtió esa autoridad en nosotros. Porque entonces habiendo recibido tal poderosa promesa, la iglesia aparenta sin poder? Una vez más debemos retornar al ejemplo anterior- nosotros no hemos desarrollado nuestra capacidad espiritual por ignorancia o arrogancia (creando a Dios en nuestra imagen). Puede usted entender la enormidad de lo que Dios dice que Él nos ha dado para que dominemos?

A éste Dios le resucitó al tercer día e hizo que se manifestara, no a todo el pueblo, sino a los testigos que fueron escogidos de antemano por Dios, es decir, a nosotros que comimos y bebimos con El después que resucitó de los muertos. (Hechos 10:40-41).

Espera un momento. El solo se muestra a si mismo con aquellos quienes comieron y bebieron con El después de su resurrección. Ahora, nosotros sabemos que Jesús no resucitara otra vez; Él ya lo hizo dos mil años atrás. Es por eso que ahora cuando como esta palabra, cuando bebo su copa... estoy cualificado!. En otras palabras, Usted está posicionado para algo que nunca supo que era suyo. Permítame que le muestre porque digo esto. (mire en apéndice A)

La ley de la primera mención

Hay un principio bíblico el cual es de gran ayuda a quienes quieren estudiar la Palabra de Dios; se llama la "ley de primera mención". La ley de primera mención es esto: La primera vez que algo se menciona en la Biblia, desde ese punto puedes utilizar esta primera mención como punto de base para interpretar todas las otras escrituras que hablan del mismo tema. Déjeme darle una ilustración. La escritura dice en Génesis 1:26-31 que el hombre fue creado en el sexto día, así que desde ese momento nos damos cuenta que seis Es el número del hombre. Cada vez que leemos la palabra hombre en las Escrituras o vemos el número seis, sabemos que se está hablando sobre carne u hombre. Ese es un ejemplo de la ley de primera mención.

Basado en la ley de la primera mención, en el libro de Génesis es una primera mención que podría cambiar su vida. La primera mención de relación con Dios es caminar y hablar con El cara a cara cada día (ver Génesis 3:8). Ésa es la imagen correcta de la relación con Dios— caminando y hablando cara a cara!

Algunos argumentarán que Adán pecó y ya no tenemos ese tipo de relación con el Señor. Sin embargo, Jesús, el segundo Adán, fue crucificado en la Cruz y derramó su sangre para que nos podamos entrar una vez más en relación con el Padre. Nunca ha cambiado su intención o vista de relación! Nos hemos ya reintegrados a ese lugar de relación con Dios, sin la necesidad de un velo, sin la postura, sin el lazo de las tradiciones religiosas. Ahora tenemos acceso a él cara a cara; es el corazón de Dios Padre. Es la imagen de lo que la relación es para Él, y eso es lo que podemos disfrutar ahora como sus hijos!

Y salió Jacob de Beersheva, y fue para Harán. Y llegó a cierto lugar y pasó la noche allí, porque el sol se había puesto; tomó una de las piedras del lugar, la puso de cabecera y se acostó en aquel lugar. Y tuvo un sueño, y he aquí, había una escalera apoyada en la tierra cuyo extremo superior alcanzaba hasta el cielo; y he aquí, los ángeles de Dios subían y bajaban por ella. Y he aquí, el SEÑOR estaba sobre ella, y dijo: Yo soy el SEÑOR, el Dios de tu padre Abraham y el Dios de Isaac. La tierra en la que estás acostado te la daré a ti y a tu descendencia. También tu descendencia será como el polvo de la tierra, y te extenderás hacia el occidente y hacia el oriente, hacia el norte y hacia el sur; y en ti y en tu simiente serán bendecidas todas las familias de la tierra. He aquí, yo estoy contigo, y te guardaré por dondequiera que vayas y te haré volver a esta tierra; porque no te dejaré hasta que haya hecho lo que te he prometido. Despertó Jacob de su sueño y dijo: Ciertamente el SEÑOR está en este lugar y yo no lo sabía. Y tuvo miedo y dijo: ¡Cuán imponente es este lugar! Esto no es más que la casa de Dios, y esta es la puerta del cielo. (Génesis 28:10-17)

Jacob llegó a un punto en su viaje donde estaba cansado. Decidió descansar así que recogió una piedra para usar como una almohada. Mientras yo estaba pensando en esta parte del pasaje, el Señor habló a mi corazón una clave poco conocida para recibir conocimiento de El durante el reposo. Sabemos que Jesucristo es la piedra angular del jefe y esta piedra fue rechazada por los Fariseos (véase 1 Pedro 2:6). El entendimiento que el Señor me quería dar fue: cuando vayas a la cama por la noche, establece tu corazón y tu mente en Cristo. Sólo dirígelos allí y te sorprenderás lo que Él puede comunicarte durante la temporada de noche.

Sueño Santificado

Por todas partes que viajamos, mi esposa y yo creamos una atmósfera con nuestras actitudes de corazón y con nuestras bocas a medida que aplicamos la palabra de Dios y la sangre de Jesús. Aprendimos esto basado en la experiencia y las escrituras anteriormente mencionadas. Como hemos viajado de un país a otro, de un estado a otro y de ciudad en ciudad, nos quedamos en moteles, hoteles y a veces en los hogares. Durante estos viajes he encontrado que a veces tendría los sueños más extraños, predominantemente durante la estadía en hoteles y moteles, pero a veces en los hogares también.

El Señor me recordó que tengo la autoridad a través de la sangre de Jesús para crear un "ambiente" donde sea que estoy. Comencé a aprender que necesitaba aplicar la sangre de Jesús a donde fui, soltar la atmósfera del cielo y limpiar lo que fue llevado a ese lugar. Como todos sabemos, hay algunas cosas que pasan en hoteles y moteles que no son propicias para la salubridad. He encontrado que haciendo esto en las habitaciones y lugares que nos quedamos, que no teníamos el problema de "lucha" en la noche con pensamientos y sueños como antes.

Una lección que ha ayudado a reforzar este principio se produjo en un viaje en particular que tomé hace algunos años a Fiji. Traje un joven conmigo en este viaje particular donde estábamos alojándonos en casa de los misioneros. Había estado en esta casa muchas veces antes y Tuve una buena relación con esos misioneros. Me quedé en el cuarto de huéspedes y el joven se quedó en el sofá de la sala debido al espacio limitado.

Durante el día, el doblaba y colocaba su ropa de cama, incluyendo su almohada, al pie de mi cama. Yo ya había aplicado la sangre en mi habitación, la ropa de cama y mi almohada especialmente, porque es donde descansa mi cabeza. Una noche estaba ministrando, y él estaba cansado esa noche y se quedó en casa. Mientras yo no estaba, entró en mi habitación y tomo mi almohada (creo que por error) y fue a dormir en el sofá. Cuando llegué a casa después de ministrar era bastante tarde, y él ya estaba dormido en el sofá.

Yo estaba cansado y me quería ir la cama, así que fui a mi cuarto y encontré que había intercambiado almohadas. ¿Qué digo? Llevaba gel para el cabello y era grasa! Porque estaba cansado, me había olvidado de la lección que aprendí con los años, y en cierta frustración coloqué una nueva funda en la almohada y me eche a dormir.

Durante toda la noche estuve batallando con perversos sueños! No recibí ningún descanso esa noche en absoluto, y en la mañana, con ojos enrojecidos y agotado, entré en la sala de estar buscando mi café matutino. El joven ya estaba arriba, ojos brillantes y alegres. Con entusiasmo empezó a contarme los sueños impresionantes que tuvo de los Ángeles y el cielo! Le dije, "devuélveme mi almohada." Quiero decirle que esta es la realidad!

En defensa de este joven, él se había salvado sólo un poco más de un año atrás. Como con todos nosotros, el proceso de trabajar su propia salvación recién se había ingresado. Fui capaz de utilizar esta experiencia para compartir con él algunos de los principios que el Señor tan amablemente me había enseñado durante años.

Así que aquí esta Jacob durmiendo, meditando en Dios, en esta temporada de noche. Durante la noche dice que tuvo un sueño que cambió profundamente su vida. Vio una escalera que va desde la tierra al cielo con los Ángeles de Dios subiendo y bajando sobre ella. Esto es importante y tenemos que entender esto. El Hombre fue hecho del polvo de la tierra. Esta escalera comienza en la tierra y se extiende hacia el cielo. Vio a la escalera y los Ángeles de Dios ascendiendo y descendiendo y en la parte superior de la escalera lo vio al Señor y habló con El cara a cara.

Cuando Jacob despertó a la mañana siguiente, hizo una declaración—una primera mención:

"Y tuvo miedo y dijo ¡Cuán imponente es este lugar! Esto no es más que la casa de Dios, y esta es la puerta del cielo" (Génesis 28: 17). ¿Cómo se aplica eso a nosotros? Primera de Corintios dice, "o no sabéis que vuestro cuerpo es templo del Espíritu Santo que está en vosotros, el cual tenéis de Dios, y tú no eres tu (1 Corintios. 6:19).

¿Cuál es el principio recogido luego de esta primera mención? La casa de Dios es la puerta del cielo, y usted es el templo o casa de Dios! Los

Ángeles de Dios ascienden y descienden sobre esta "casa", y la conversación con el Señor es cara a cara. Eso es para lo que Ustedes fueron creados.

Según la ley de primera mención, como templo de Dios estamos continuamente caminando bajo un cielo abierto, hablando con El cara a cara y viendo la actividad de ángeles.

Déjeme darle una palabra de PRECAUCIÓN: no adorar, buscar, ni centrarse en la actividad de ángeles. Enfoque en Cristo todo lo demás es secundario a El! Jesús respondiendo le dijo "cierto, de cierto os digo que, a menos que naciere de nuevo, no puede ver el Reino de Dios" (Juan 3:3).

En otras palabras, si Usted ha nacido de nuevo, Usted puede ver el Reino de Dios! Le pertenece a Usted. Jesús dijo: "mis ovejas oyen mi voz..." (John 10:27). Permítame darle una definición diferente en cuanto a lo que la "voz de Dios" suena.

Cuando un creyente acepta primero a Cristo, hay una serie de estímulos que conforman la totalidad de la comunicación del espíritu. Puede haber una convicción, un sentido del amor de Dios, imágenes o visiones, un sentido tangible de la presencia de Dios, la palabra audible u otras facetas de la "voz" de Dios que nos atrae a su lado.

Por desgracia, cuando progresamos en nuestro caminar cristiano nos olvidamos de las diferentes maneras en que el Señor se comunicó con nosotros llevándonos a nuestra conversión, ¿por qué? Por alguna razón, después de que le hemos dado nuestros corazones al Señor parecemos adoptar el entendimiento de que Dios sólo habla en palabras! ¿Puedo presentarle a usted que las palabras son la forma más ineficaz de comunicación que hay? Incluso la palabra impresa puede ser muy ineficaz, y nuestro entendimiento basado en nuestro propio concepto de lo que es verdad y lo que no es. Mire las muchas denominaciones en la comunidad cristiana y verá la verdad de esto.

La Visión Habla

Cuando lleguemos al cielo, no nos comunicaremos con palabras solamente. Vamos a hablar de corazón a corazón, o de mente a mente y verbalmente cuando deseamos. Gran parte de la comunicación en el cielo es ilustrado (una imagen vale mil palabras). Cuando el Señor quiere comunicarle algo a usted, lo demuestra, y uno en realidad experimenta la comunicación que está recibiendo. Él no está limitado a sólo palabras.

Déjeme darle un ejemplo personal. No hace mucho tiempo mi esposa y yo estuvimos ministrando en Spokane, Washington, y el Señor era tangible evidente. Durante estas reuniones, tuve una visión. Recuerden, visiones son idiomas, Dios comunican una verdad a través de una imagen. En esta visión, me vi ante el grupo reunido ministrando la palabra. En la reunión hubo alguien que necesitaba sanación, y siendo conducido del espíritu, pronuncie esta palabra de conocimiento. Cuando lo hice, inmediatamente vi a Jesús salir de mi ser más íntimo (él es la palabra) y se acercó y tocó a ese individuo y él fue sanado.

Debido a esta visión—o más adecuadamente, la comunicación del Señor—cuando vi a esa persona en la audiencia adelante hablé de la palabra, y Jesús curó a esa persona.

Al principio de esta misma serie de reuniones, mientras escuchaba al Señor durante el culto, tuve otra visión. Vi mostrada ante mí una enorme Esmeralda. El Señor me la dio, y mientras observaba a esta esta piedra preciosa en ella vi a todos los eones de la historia, todo el camino de regreso en el tiempo, hasta el momento cuando el Señor pronunció las palabras, "que sea..." Esas palabras salieron de su boca, vi los cielos y la tierra siendo creados. Salió su palabra y su palabra (Jesús) y el mundo se convirtió—fue creado.

Fui tomado con asombro al ver cómo cuando El hablo, una fuerza creativa fue liberada y todo entró en vigor. Esto fue una revelación profunda y habló conmigo de la manera maravillosa y temerosa con que fuimos creados a su imagen y semejanza. Nosotros no nos damos cuenta completamente del poder de nuestras palabras y lo que se suelta cuando hablamos como hijos e hijas de Dios!

Esta experiencia / comunicación cambió mi vida. Aquí está la esencia de lo que se comunicó conmigo a través de esta visión: Dios el Padre en su mente pensó o imagino algo. Lo que había imaginado y concebido se convirtió en una realidad cuando habló y expresó el deseo de su corazón basado en lo que estaba "viendo" en su mente. El habló, y fue hecho.

Permítanme decir esto. Si Usted lucha con pensamientos negativos, eso no es pecado. Se convierte en pecado cuando toma a esos pensamientos negativos y medita sobre ellos. En ese momento estás en peligro de caer en su corazón donde el pecado va ser concebido. La Biblia dice: "...De la abundancia del corazón habla la boca" (Matthew 12:34).

Aquí está cómo funciona con El. Dios el Padre concibió algo en su imaginación. Como meditó sobre esas imágenes en su mente, ellas cayeron en su corazón. En ese momento, Jesús, que es la palabra salió — el Padre hablo y Jesús salió para lograr lo que él había hablado, y el poder creativo del Espíritu Santo fue lanzado para cumplir la palabra que fue puesta en libertad. Vi a Jesús salir del corazón del Padre. Eso es exactamente lo que dice la Biblia: "fuera de" la abundancia del corazón habla la boca.

Juan 3:3 dice que a menos que usted ha nacido de nuevo no ve el Reino de Dios. La palabra es muy interesante en el griego. Que significa ver a ambos literalmente y figurativamente. No sobre espiritualizemos todo.

No es de Dios hacer acepción de personas (ver hechos 10:34 KJV). Si lo hizo por uno, lo hará por los demás.

Luego dijo: *"Dios de nuestros Padres te ha elegido que conozcas su voluntad y veas al Justo y oigas palabra de su boca. Porque testigo serás a todos los hombres de lo que habéis visto y oído (*hechos 22:14-15).

No es que hace acepción de personas. Veo aquí un patrón bíblico.

Lo que hemos visto y oído, declaramos también a vosotros para que tengáis comunión con nosotros; y verdaderamente nuestra comunión con el Padre y con su hijo Jesucristo (1 Juan 1:3).

Lo que hemos visto y oído—lo que hemos tocado y probado— de eso es lo que vamos a declarar. Cuando estudiamos las escrituras, encontramos más a menudo que no los patriarcas de la fe tenían una relación con Dios que era profunda y más allá de lo que la mayoría de nosotros hemos experimentado en nuestro caminar con el Señor. Estoy hablando en el antiguo testamento y del nuevo testamento donde en varias ocasiones encontramos gente que lo conocía cara a cara.

Cara a Cara

Una vez más, tenga en cuenta que Dios no hace acepción de personas. Matthew dice:

Y Jesús clamó otra vez a gran voz, exhalo y entregó su espíritu. Entonces, he aquí, el velo del templo se rasgó en dos, de arriba a abajo; y la tierra tembló y las rocas se partieron, y se abrieron los sepulcros; y los cuerpos de muchos santos que habían dormido resucitaron; y saliendo de los sepulcros después de la resurrección de Jesús, entraron en la ciudad Santa y aparecieron a muchos. (Mateo 27:50-53).

Acerquémonos audazmente al trono de la gracia, para que podamos alcanzar misericordia y hallar gracia para ayudar en momentos de necesidad (Hebreos 4:16).

¿Qué significa venir audazmente ante el trono de la gracia?

"Bueno, significa ser audaz en sus oraciones, haciendo declaraciones y creer en Dios".

Sí, eso es una parte. La palabra venir significa "visite o enfoque en cuanto a ubicación." [2] hemos perdido gran parte de lo que el Señor estaba tratando de comunicarse con nosotros. En otras palabras, podemos audazmente ubicarnos ante su trono de la gracia y comunicarnos con él cara a cara!

Otras interesantes escrituras se encuentran en Juan. Jesús dijo: *"En verdad, en verdad os digo: él que cree en mí, las obras que yo hago, él las hará también; y aún mayores que éstas hará, porque yo voy al Padre."*

Fíjese que John 14:12 no dijo, "las obras que hice". Dijo las obras que yo hago. Eso está en el presente continuo. En otras palabras, lo que Jesús está haciendo ahora, puedes hacer Usted también. ¿Cuáles son algunas de las cosas que Jesús está haciendo ahora? ¿Ha oído los muchos testimonios de millones de personas que han tenido encuentros cara a cara con Jesús y sido salvos en esta generación? ¿Ha oído los muchos testimonios de multitudes quienes han sido resucitadas de entre los muertos en esta hora? ¿Ha oído los testimonios de muchos que han sido atrapados en el tercer cielo como Pablo y vuelven con testimonios de la cercanía del regreso de Cristo? (vea 2 Corintios 12).

Lo que Él está haciendo ahora Usted lo puede hacer también. Jesús está pisando a través del velo de una dimensión a otra. Como indique en mi ilustración anterior de la eternidad, en el Reino de la eternidad (como se muestra en el estadio), Dios creó un contracto cuantificable denominado espacio y tiempo. Todo lo que sabemos naturalmente existe en la paciencia del eterno. Porque este reino natural está dentro de ese reino (estadio) del eterno, está a un paso de distancia. La eternidad está a nuestro alrededor. Así que lo que Jesús está haciendo es dar un paso a través del velo, apareciendo, visitando, hablando, y después El vuelve a entrar a través de ese velo en el reino eterno. Lo que Él está haciendo en este momento puede Usted hacerlo también.

Mi Comisión del Señor en esta hora es provocar al cuerpo de Cristo a la realización de quienes son en Cristo. Al hacerlo, quiero también provocarle a la acción. Quiero estirarle tan lejos de su caja—su zona de comodidad—que no habrá ninguna caja más.

Permítanme compartir un poco de mi corazón. Yo no enseño lo que enseño porque quiero ser polémico o popular. Enseño lo que hago porque el Señor me abrió los ojos a ciertas verdades que pertenecen a esta generación y también porque he vivido gran parte de lo que estoy compartiendo con ustedes. Debido a esto, el Señor me ha dado instrucciones para compartir lo que he aprendido y vivido con esta generación. El Señor me enseñó hace años: "Primero se debe formar en ti antes de que lo pueda soltar a través de ti." En otras palabras, tiene que ser tan real para mí que cuando hablo suelte la vida. He encontrado que la mayoría de la gente está cansada de resúmenes de libros. Quieren que la realidad de la palabra sea—una expresión tangible, no sólo la retórica.

Llaves hacia la Gloria: Pasion

Déjeme darle la primera "llave" de Mirando a la Gloria. La tecla número uno, la clave principal, la clave más importante es la pasión: "Me buscaréis y me encontraréis, cuando me busquéis de todo corazón (Jeremías 29:13).

Vivimos en una sociedad de " lo queremos ayer" pensamiento. La mayoría de los cristianos que he conocido expresan el deseo de querer conocer al Señor de una manera más apasionada e íntima. Pero rara vez vemos la prueba de deseo. ¿Qué es la prueba de la pasión? La prueba de la pasión es la búsqueda. No diga que le apasiona algo pero se queda sentado sin hace nada. En nuestra sociedad de "instantáneo", hemos perdido el arte de la búsqueda apasionada. Ir tras El. Ir tras El.

Entienda—Él es la Palabra. Entre en La Palabra; vaya tras él. Cuando mi esposa y yo estábamos comprometidos, ella estaba en Fiji y yo en América. Nosotros no habíamos hablado por teléfono mucho, y cuando le llamé a menudo no sabía si era ella o alguien de su familia; No sabía su voz. Pero con el tiempo con intimidad y relación desarrollada, aprendí a discernir su voz, incluso en una habitación de cientos! No abandone después del primer par de veces de no reconocer su voz. Estaba apasionado. Porque yo estaba apasionado perseguí nuestra relación hasta que comenzó a florecer. Ahora el fruto de esa pasión es intimidad!

La verdad que encontré en las escrituras es que puede tener tanto de Dios como quiera, pero tiene que perseguirlo con todo su corazón, no sólo parte de él, no sólo el domingo. Tiene que ir tras El con una pasión.

Por tanto, confesaos vuestros pecados unos a otros, y orad unos por otros para que seáis sanados. La oración eficaz del justo puede lograr mucho. (Santiago 5: 16)

¿La oración efectiva de medio corazón de un hombre justo sirve mucho? No, es el fervor y la pasión. Tiene que tener pasión por el Reinado de Dios y por el Dios del Reino! Tiene que entender que esta palabra le pertenece a usted. Lo que voy a compartir es suyo por herencia—es suyo! Tiene que empezar a hacer algo en su búsqueda de Dios, no sólo diciendo: "Estoy tan hambriento de Dios". Si tiene hambre por más de El, será evidente en su vida!

"Bueno, me paso horas en mi cara delante de él en la oración.

Ahora lo estoy viendo.

"Pase días en ayuno y horas en el estudio de la palabra".

Ahora se está volviendo evidente! Eso es pasión ejemplificada en la búsqueda.

Quiero mostrarle un ejemplo bíblico de la pasión encontrada en Lucas:

Entonces Jesús habiendo entrado y pasado a través de Jericó. He aquí, había un hombre llamado Zaqueo, que era un jefe recaudador de impuestos, y era rico. Y buscó ver quién era Jesús, pero no podía a causa de la multitud, pues era de baja estatura (Lucas 19:1-3).

Aquí hay un hombre llamado Zaqueo, que está en la cima de su juego—es el principal recaudador de impuestos. Es el CEO de la IRS, si lo deseas. Obviamente, es un hombre de pasión o sino no sería el mejor en lo que hizo.

Algo despertó en el corazón de este hombre cuando escuchó los testimonios de este hacedor de milagros llamado a Jesús. Creó un deseo dentro de él para ver y descubrir por sí mismo quién era este Jesús. El problema era, Zaqueo era de tal baja estatura que no podía ver por o a través del tumulto de la gente.

Observe lo que hace este hombre. Porque él no puede ver a Jesús, viene con una estrategia que en la superficie parece ridícula! Aquí está el principal recaudador de impuestos, el director ejecutivo de la industria, y decide correr por delante de las masas y subirse a un árbol sicómoro! Todo porque tiene una pasión para ver quién es Jesús!

Pasión! Pasión le llevó a hacer algo que estaba fuera del Reino de la norma y definitivamente del decoro cultural! Verá, la gente apasionada hará lo que la gente mediocre nunca hiciera, en su afán por obtener el deseo de su corazón! El mundo me lo decía así: la gente exitosa hará lo que gente fracasada falla en hacer, con el fin de alcanzar su objetivo.

Mire la composición de este grupo. Tiene las masas que siguen a Jesús por los milagros que hace, y tiene a los discípulos que lo siguen porque creen que es el Cristo. En esta mezcla tiene a un individuo, un hombre apasionado, que tiene un ardiente deseo de ver a Jesús por sí mismo. Los testimonios de otros no son suficientes—debe ver a Jesús por sí mismo.

Cuando Jesús llegó al árbol sicómoro, él miró y vio a Zaqueo sentado allí y dijo: *"Zaqueo, date prisa y baja, porque hoy debo quedarme en tu casa"* (Lucas 19:5).

La Pasión de Zaqueo lo elevo por encima de la mediocridad de las masas! No sólo obtuvo lo que deseaba, pero Zaqueo recibió excesivamente y abundantemente sobre todo lo que podía pedir o pensar! Su pasión lo hizo sobresalir entre todos aquellos que estaban siguiendo a Jesús! La pasión le llevó a hacer algo que nadie más estaba dispuesto a hacer, y le ganó la atención del cielo!

La pasión abrió la puerta para que Jesús venga a residir en casa de Zaqueo, y desde ese día, según la tradición, Jesús utilizó su casa como la sede de su Ministerio cuando El ministraba en Jericó. ¿Le gustaría que su casa sea la sede para el próximo gran movimiento del Espíritu en su región? La clave es la pasión: *"Por tanto él se apresuró a lo loco y bajó y le recibió gozoso"* (Lucas 19:6).

Aprisa, bajó y le recibió gozoso. Por supuesto, cuando vieron las multitudes, todo el mundo estaba molesto. ¿Por qué? Las masas mediocres se ponen celosos cuando Dios toma nota de alguien con pasión! Persecución es uno de los pilares de la gente de pasión! Eso no sofoca a la pasión, por el contrario, provoca a un individuo a perseguir al Señor con mayor tenacidad.

Los celos pueden ser una motivación poderosa de la ira y el odio y pueden causar a un individuo revolcarse en autocompasión en lugar de impulsarlo hacia el destino.

He estado caminando con él por días, semanas y meses y nunca El me pidió de quedarse en mi casa!

Eso puede ser cierto, pero nuestra exhibición de compromiso y de piedad religiosa no mueve el corazón de Dios—la pasión lo hace.

Llaves a la Gloria: Pureza

Déjeme decirle algo sobre Zaqueo. Su nombre significa "puro, no deshonesto o corrupto."³

Aquí está la clave número dos: los puros de corazón verán a Dios (véase Matthew 5:8). La sangre de Jesús es el gran igualador. No importa lo que hicieron antes de venir a Cristo, porque si han aceptado a Jesús y sido lavados en la sangre ahora tienen un corazón puro delante de Dios. La sangre de Jesús nos limpia, no de una injusticia, sino de toda maldad.

Déjeme darle otro ejemplo que se encuentra en San Marcos:

Ahora llegaron a Jericó. Como salió de Jericó con sus discípulos y una gran multitud, el ciego Bartimeo, el hijo de Timeo, sentado junto al camino mendigando. Y cuando oyó que era Jesús de Nazaret, comenzó a gritar y decir, "Jesús, hijo de David, ten misericordia de mí!" Entonces muchos advirtieron que esté tranquilo; Pero el más gritó, "hijo de David, ten misericordia de mí!" Así que Jesús se detuvo y ordenó que lo llamaran. Entonces llamaron al ciego, diciéndole, " Ten buen ánimo. Levántate, él te está llamando." Y echando a un lado su manto, se levantó y vino a Jesús. Así respondió Jesús y dijo, "¿Qué quieres que haga por ti?"

El ciego le dijo: " Maestro, que pueda recibir mi vista." Entonces Jesús le dijo, "sigue tu camino; tu fe te ha salvado." Y de inmediato recibió la vista y siguió a Jesús en el camino. (Marcos 10:46-52).

Esta historia de Bartimeo tiene muchas facetas de la revelación que nos podemos deducir. Voy a tratar de permanecer en foco y hacer nuestro punto. Nos encontramos con que Bartimeo estuvo sentado al lado de la carretera pidiendo tal vez por años. En algún momento de su tiempo de estadía aquí en Jericó, una semilla de pasión nació dentro de él. Sentado al lado de esta calle principal, tenía que haber oído durante años los comentarios y chismes de las multitudes que pasaban por allí por cada día. En algún momento, escuchó acerca de un hacedor de milagro llamado Jesús de Nazaret, quien había realizado increíbles milagros de curación y una esperanza surgió dentro de su corazón.

Sólo puedo escuchar los pensamientos que tenía ahí día y noche, pensando en todo lo que había oído: "Si este Jesús de Nazaret viene por aquí, le tengo que llamar la atención. Está sanando tantos, y si consigo su atención tal vez él me sanará!"

Y así, una pasión, incluso una desesperación surgió dentro de Bartimeo. Y entonces un día, llegó su oportunidad! Había una gran multitud en movimiento a lo largo de la carretera y después de cuestionar los transeúntes Bartimeo descubrió que fue el hacedor de milagro mismo quien venía! Con gran fervor Bartimeo grito, Jesús, hijo de David, ten misericordia de mí!" (Marcos 10:47)

Ahora, espere un minuto. ¿Dónde consiguió el título de Jesús, hijo de David? Esta es una llave a menudo pasada por alto—la pasión abre la puerta a la revelación!.

Mientras él gritó, las multitudes advirtieron que esté tranquilo. Para hacerlo más sucintamente en un lugar que todos podamos entender, "hacemos las cosas decentemente y en orden; No hagas un despliegue emocional y no seas ruidoso!"

¿Cuál fue la respuesta de Bartimeo? Gritó aún más fuerte, "Tú, *hijo de David, ten misericordia de mí"* (Marcos 10:48 KJV).

Inmediatamente, Jesús respondió al grito de pasión, y mandó que Bartimeo comparezca ante él.

¿No es interesante que el momento en que Bartimeo captó la atención de Jesús, quienes habían intentado duramente de pararle y mandarle que esté tranquilo inmediatamente cambiaron su tono y se convirtieron en su amigo? Usted encontrará que las multitudes mediocres, mientras que no desean ser desafiado con algo fuera de lo común que les incomoda, inmediatamente cambiarán su tono cuando el cielo toma nota de la pasión de uno.

Lo primero que hizo Bartimeo al enterarse de que Jesús lo estaba llamando para que venga era deshacerse de su ropa, levantarse e ir a Jesús. Este es un reto profundo para todos nosotros, transportando la actitud adecuada de la pasión. Bartimeo, hijo de Abraham, para sentarse al lado de la carretera y rogar, estaba obligado a ir ante el sacerdocio levítico y ser examinado para determinar si realmente él era ciego. Al encontrar este sea el caso, se le dio un manto a usarlo cual indicaba a todos de que él había sido examinado y era en verdad ciego. La prenda fue su "licencia" para sentarse al lado de la carretera y rogar.

Una vez que ganó la atención de los cielos, cortó toda afiliación con su vida anterior y su condición. Para Bartimeo, era un intercambio de todo o nada! En su mente, no había marcha atrás. Aprendemos de esto que una persona de pasión quemará todos los puentes detrás de ellos en su búsqueda de eso que busca desesperadamente su corazón.

Cuando por fin estuvo delante de Jesús, se le preguntó lo que quería que El Señor haga por él. Bartimeo dijo que él quería recibir su vista, lo cual parece obvio por la condición en que lo encontramos en este pasaje de las escrituras. Sin embargo, hay un significado más profundo a esta petición que al principio parece evidente.

La palabra ciega en esta escritura es la palabra griega typhlos. Proviene de la raíz palabra typhoomai, que significa, "envuelven con humo; inflar con propia vanidad; magnánima, levantado con orgullo, ser orgulloso."4

Uno de los aspectos reveladores de la pasión y el deseo de "ver" al Señor es la disposición a rendir nuestro orgullo, a crucificarlo cueste lo que cueste y a pagar cualquier precio que sea necesario para obtener el deseo de nuestro corazón. Note que Jesús le dijo en respuesta a su petición, "sigue tu camino; tu fe te ha salvado." Debemos perseguir apasionadamente al Señor en la plena seguridad que El siempre responderá al grito de pasión!

Aunque no miramos a las cosas que se ven, pero las cosas que no se ven. Porque las cosas que se ven son temporales, pero las cosas que no se ven son eternas (2 Corintios 4; 18)

Se nos dice que dejemos de mirar a lo natural sino más bien, contemplar lo sobrenatural. ¿Cómo hacer eso en este mundo? La palabra nos dice que fijemos nuestros afectos en las cosas de arriba, en lugar de las cosas de esta tierra (Ver Colosenses 3:2 KJV). configure sus afectos, ponga sus ojos, disponga su corazón en las cosas de arriba. Centre su pasión en las cosas de arriba! "Un poco más y el mundo no me verá más, pero tú me verás. Porque yo vivo, tú vivirás también"(S. Juan 14:19).

Permítanme hacer una declaración simple: cuando ustedes nacieron otra vez, estaban en el mundo pero ya no son del mundo (ver Juan 17:16). Eso es exactamente lo que Jesús dijo de sí mismo; Dijo que no es del mundo pero está en el mundo. Su Reino no es de este mundo. Bueno, si su Reino, el Reino del que ahora somos parte, no es de este mundo, entonces ¿cómo puedo verlo?

Un poco más y el mundo no Me verá más, pero tú Me verás!"

Sabemos que en el momento en que esto fue dicho, Jesús estaba hablando a sus discípulos—quienes habían caminado con él durante su ministerio terrenal. Sin embargo, Dios no hace acepción de personas (véase Efesios 6:9). Creo lo que dice la palabra. Si somos sus discípulos hoy, entonces Jesús, que es el mismo ayer, hoy y siempre se verá a través de nosotros (ver Hebreos 13:8).

Llaves hacia la Gloria: Obediencia

Tecla número tres se encuentra en Juan:

*El que tiene mis mandamientos y los guarda, es él quien me ama. Y el que Me ama será amado por mi Padre; y yo lo amare y me manifestaré a él (*Juan 14:21).

La palabra manifestar significa literalmente "causar el ser visto; para mostrar abiertamente." Jesús mismo se mostrará abiertamente a aquellos que le aman y que guardan sus mandamientos. Esto no habla de ser perfecto! Habla de aquel cuyo corazón se encuentra hacia el Señor.

"Señor, yo quiero ser obediente a la palabra lo mejor que pueda. Ayúdame en mi falta de obediencia". Si ese es su corazón y lo ama, entonces usted puede estar seguro que a los que le aman, él abiertamente se mostrará cara a cara.

¿Por qué es que hemos perdido esto? Creo que hay muchas razones por que no hemos podido ver esta verdad y aceptarla. En primer lugar, creo que muchos en la Iglesia han adoptado una forma de piedad, pero han negado el poder de ella. Hemos visto modelado un evangelio impotente que se ha vuelto más religioso que relacional.

La segunda razón es que nunca hemos sido enseñado que en realidad podríamos hacer esto. Déjeme darle un ejemplo hipotético. Si a usted le sale un tío perdido desde tiempos atrás quien le deja una herencia en su testamento y ahora hay 1 billón de dólares en el banco y está bajo su nombre, pero nunca se informa acerca de esta herencia, ¿cómo vas a cosechar los beneficios de esta herencia? Sabrá cuando el ejecutor de la voluntad le contacte y le explique lo que ahora legalmente le pertenece a usted.

De la misma manera, nuestra capacidad para "ver" se nos ha dejado a nosotros—está en el testamento de Jesús, Su testamento el Nuevo Pacto, es suyo! Todo lo que tenemos que hacer es acusar recibo de esta herencia y comenzar a ejercer nosotros mismos en esta área.

La tercera razón por la que creo es que estamos en un momento chairos—una temporada en Dios donde la llenura de su promesa será revelada y entrara como nunca antes.

De cierto, os digo, el que cree en Mí, las obras que yo hago el las hará también; y mayores obras que éstas el hará, porque voy a Mi Padre. Y todo lo que pidáis al Padre en mi nombre, yo lo voy a hacer, para que el Padre sea glorificado en el hijo (Juan 14:12-13).

El nombre la palabra en la Biblia es un estudio muy interesante. Según concordancia exhaustiva de Strong, esta palabra en el antiguo testamento significa "carácter, honor y autoridad" en todos los casos excepto uno. En el nuevo testamento, significa "carácter y autoridad" en cada instancia, excepto uno. ¿Qué es entonces lo que el Señor está diciendo?

Luego podríamos parafrasear este versículo de esta manera: "Todo lo que pidáis al Padre con el carácter como Cristo, él lo hará." Es un parafraseo, pero también es preciso.

En otro ejemplo, donde dos o tres están reunidos en su nombre, allí está en medio de ellos (véase Matthew 18:20). Para muchos en la iglesia, esto se ha convertido en una fórmula impotente como suponemos que porque estamos practicando el protocolo religioso correcto Jesús automáticamente vivirá en lo que hacemos. Realmente lo que se dice en este pasaje es que donde está el carácter de Cristo, allí está El en medio de ellos! Permítame también añadir, donde el carácter de Cristo esta también estará la autoridad de Cristo para promulgar la voluntad de Dios.

Entonces respondió Jesús y les dijo: "cierto, de cierto os digo, que el hijo no puede hacer nada por sí mismo, sino lo que El ve hacer al Padre..." (Juan 5:19)

Jesús dijo que las obras que EL está haciendo nosotros podemos hacer (ver Juan 14:12). En este pasaje de las escrituras, se afirma que Jesús sólo hace lo que El Padre está haciendo!

Lo Que El Está Haciendo

Hubo un caballero llamado Roy en la región donde vivimos en el estado de Washington que aparecía frecuentemente en nuestras reuniones. Hubiéramos conocido a Roy por unos dos o tres años, y las cuatro o cinco veces que estuvimos ministrando en su área, él se venía al frente por oración. Cada vez que él vino para la oración nuestra pregunta sería, "Roy, ¿qué es lo que necesita de parte del Señor?"

Dijo, "Quiero ser curado de cáncer". Mientras él estaba comunicando con nosotros cuál fue su petición de oración, yo estaba hablando con el Señor y pidiéndole que tenía El que decir acerca de esta situación particular. Alenté a Roy diciéndole que hasta que su curación sea manifiesta que viniera adelante en la fe en todas las reuniones que asistió para recibir oración.

Esto duró un par de años, y cada vez que veíamos a Roy él dijo, "Quiero que este cáncer se vaya". La última vez que vimos a Roy estaba en cuarta etapa de su batalla contra el cáncer.

Cuando se acercó a la parte delantera por oración, le pregunté, "Padre, ¿qué dices?" En ese momento, mis ojos se abrieron y vi un ángel entrar a través de la pared trasera del santuario. Era alto, de unos seis pies de altura, con cabello castaño oscuro y ojos verdes penetrantes. Vestía una túnica blanca con una faja de oro alrededor de su cintura. Él emanaba paz e irradiada poder. En su mano izquierda llevaba lo que parecía ser una bandeja de plata.

El ángel vino al frente y se puso entre Roy y yo; Luego toco a Roy y oí un rasgado sonido de lágrimas. Cuando sacó su mano del torso de Roy, estaba sosteniendo una gran masa oscura de lo que parecía ser el hígado. (Aunque sé que no era del hígado, es la descripción más cercana que se me ocurre). Puso esta masa negra fea en el plato que había estado sosteniendo, caminó hacia la pared posterior y lo tiro.

Recuerde que, visiones son idiomas. He visto lo que hacía el Padre, y estuve de acuerdo con lo que estaba diciendo. Le dije a Roy lo que vi y dije, "Vete en paz; Estás curado." El siguiente martes se fue al hospital para una batería completa de pruebas y no había ningún cáncer de ser encontrado. ¿Sabes cuan fácil es ministrar cuando has aprendido a hacer sólo lo que ves al Padre hacer?

¿Qué estamos viendo al Señor haciendo por todo el mundo ahora? Belfast, Singapur, Malasia, en toda América. Veo a Dios curar a la gente. He aprendido a entrar en acuerdo con lo que lo veo haciendo donde viajo y al hacerlo, hemos comenzado a presenciar milagros extraordinarios.

Permítanme compartir otra experiencia. El 18 de abril de 2008, estaba en Belfast, Irlanda del norte. Nosotros estábamos ministrando en una iglesia. Carretera de santidad, con Pastor Glenn Dunlop. Durante el culto de mañana tenía una visión abierta. Pastor Glenn estaba en la plataforma junto con el equipo de adoración. Con el fin de ahorrar espacio durante la remodelación de la iglesia vieja, fue necesario hacer la plataforma más pequeña de lo normal, así que no había mucho espacio para el grupo de alabanza y el pastor para moverse en absoluto. Fue muy apretado allá arriba!

Estaba sentado en primera fila, y me di cuenta de algo inusual a la derecha del Pastor Glenn. De repente, vi la sala del trono de Dios y millones de los redimidos en sus caras adorando a Dios. Me senté allí maravillados viendo esta escena cuando desde el trono de Dios vi su brazo derecho se extienden. En su mano tenía un cetro, y estaba apuntando directamente a Glenn. Inmediatamente recordé el relato de Esther quien esperó fuera de la sala del trono del rey, y cuando el rey la vio él extendió su cetro hacia ella, indicando a su favor. Cuando ella respondió y entró en su presencia, el rey le dijo que todo lo que pidiera se le otorgaría a ella, incluso hasta la mitad del Reino (véase Esther 5:1-3).

De alguna manera, supe inmediatamente que favor se extendió hacia el pastor y la iglesia, y lo que pidiera de Dios en ese momento se le darían. Lo que sucedió a continuación fue increíble. De repente, Glenn fue golpeado con una explosión sobrenatural del cielo, y empezó a bailar borracho por toda esa pequeña plataforma. Sabía de Glenn lo suficiente como para saber que lo que estaba ocurriendo no era un acto que es dado a exhibiciones carnales. No sólo eso, bailando sobre esa plataforma pequeña con los ojos cerrados sería temerario a lo mejor si funcionaba en el natural— porque se encuentra a unos cuatro pies del suelo!

Esto continuó durante algún tiempo con él bailando y adorando al Señor, moviéndose todo alrededor del equipo de adoración con los ojos cerrados y no tocando ni a uno de ellos! Ese día, el Señor comenzó a moverse soberanamente y sobrenaturalmente en Carretera de Santidad, y nos presentamos con una elección—de estar de acuerdo con lo que el Señor estaba haciendo o rechazar lo que estaba haciendo. Elegimos de acuerdo con El. Algunos de los frutos de esta visita han sido constante. Personas fueron liberadas inmediatamente y curadas de sus aflicciones; la gente empezó a tener visiones y sueños (no en la iglesia por supuesto). Vidas fueron tocadas y transformadas. Fue fenomenal, y apenas alcance a ministrar ese día. Me encantó.

Al revisar el día con Pastor Glenn, nos dimos cuenta de algo profundo. Cuando se extendió el cetro del favor de Dios hacia Glenn y llegó la oportunidad de pedir por cualquier cosa, su corazón fue sólo para tener más del Señor. El no podía pensar en otra cosa que el quería en aquel momento.

Durante el almuerzo al día siguiente, Glenn siguió diciendo, "tenemos que volver a la iglesia y orar; Vamos esta noche. El equipo de adoración estará allí y no le diremos a mucha gente".

Esa noche, muchos vinieron sin que les digan que estaríamos allí. Tenían hambre. Cuando ves una iglesia quedarse hasta medianoche o en la mañana, en una noche de trabajo porque no quieren dejar la presencia de Dios, sabes que algo está pasando!

Yo estaba en la parte trasera de la iglesia orando el lunes, y Glenn estaba al frente orando cuando el Señor me habló y dijo, "él no Me pidió nada".

Le dije, "Qué quieres decir, Señor?"

Él Dijo. "yo extendí el cetro de mi favor, y no pidió nada por sí mismo".

Antes de que pudiera reflexionar sobre esto, Glenn llegó a la parte trasera de la iglesia donde yo estaba hablando con el Señor y dijo, "esto es muy extraño, pero el Señor me pidió permiso para moverse en nuestra iglesia."

De inmediato, entendí lo que el Señor me estaba comunicando. Le dije, "Sabes por qué? Porque cuando el Padre extendió el cetro de favor, to nunca le pidiste nada. Porque no pediste nada del Señor, él te pide si puede darte lo que su deseo es para ti y para esta iglesia."

Comprensión vino, y Glenn volvió a subir a la parte delantera donde él había estado orando y dijo: "Dios mío, lo que quieras, queremos!" Al instante, el cielo invadió la tierra en ese cuarto otra vez esa noche.

Notas Finales

1. James Strong, Concordancia Exhaustiva de la Biblia por Strong (Peabody, MA: Hendrickson Publishers, 2007), #1492

2. Ibid., #4334

3. Roswell D. Hitchcock, Nuevo y Completo Analysis de la Biblia por Hitchcock (New York, NY: A.J. Johnson, 1874), Zacchaeus.

4. James Strong, Concordancia exhaustiva de Strong, 5178

5. Spiros Zodhiates, Diccionario De Estudio Completo de la Palabra (Chattanooga, TN: Editorial AMG, 1994), manifestó.

CAPITULO DOS

Ver: Una Realidad Cara a Cara

Por todas partes que viajamos, siento que el Señor está pidiendo permiso de su pueblo para empezar a moverse de manera sobrenatural en nuestro medio. Él es Dios, pero en su sabiduría y por su carácter no quiere anular nuestra voluntad. Es la pregunta que debemos preguntarnos ahora—¿le permitirán revelarse a sí mismo como realmente Él es y hacer en sus vida lo que El realmente desea hacer?

"Hablo lo que he visto con mi Padre" (Juan 8:38). Jesús dijo que los trabajos que El hizo nosotros podemos hacer también. Solo hizo lo que vio al Padre y sólo habló de lo que había visto con el Padre (ver Juan 5:19). Esto solo debería ser suficiente para desafiarnos a avanzar en la posibilidad y la promesa de ver y hacer.

Cierto, de cierto os digo que, de ahora en adelante veréis el cielo abierto y los Ángeles de Dios subiendo y bajando sobre el hijo del hombre (Juan 1:51).

Somos el cuerpo de Cristo (ver 1 Corintios 12:27). Desde ese momento, el momento que pronunció esas palabras, Jesús indica que como sus seguidores vamos a ver a los Ángeles de Dios ascendentes y descendentes. Esto nos pertenece!

Viene Otra Vez

Echemos un vistazo a otra escritura que es sorprendente en sus implicaciones:

Hombres de Galilea, por qué estáis mirando para arriba en el cielo? El mismo Jesús, que fue tomado de ti en el cielo, así vendrá de la misma manera como le vieron ir al cielo (Hechos 1:11).

"Bueno, preguntan," Qué es tan asombroso acerca de esto? Sabemos que al final de la edad Jesús regresará en las nubes. No es eso básico a nuestra fe como Cristianos?"

Eso es una faceta de la verdad que podemos deducir de esta escritura; Sin embargo, hay mucho más conocimiento que de esto podemos tomar si decidimos profundizar un poco más. Cuando estudié la palabra y mire a la historia de la iglesia primitiva, he encontrado algunas ideas interesantes. Desde la mañana de la resurrección hasta la ascensión en Betel 40 días más tarde, Jesús se apareció a 90 por ciento de la entonces conocida iglesia en resucitado corporalmente. Por ejemplo, encontramos que Jesús fue visto por los doce y luego por arriba de 500 testigos al mismo tiempo (ver 1 Corintios 15:5-6).

De la misma manera en que se fue, viene otra vez ¿Qué dice eso a esta generación? Como empecé antes, hay millones de personas que tienen encuentros cara a cara con el Jesús vivo en esta hora. Hay historias de pueblos enteros con las mismas visitas y encuentros en una sola noche, causando la salvación en las regiones que no han sido –evangelizadas. De la misma manera en que se marchó, él viene otra vez.

Somos una generación a diferencia de cualquier otra generación que haya caminado sobre la faz de la tierra. Estoy completamente convencido de que vamos a ver a Jesús venir otra vez en nuestra vida.

El año que murió el rey Usías, vi al Señor sentado sobre un trono alto y exaltado, y el tren de su manto llenaban el templo (Isaías 6:1)

Cuando estudio la palabra y leo cosas así, estoy desconcertado. Dios es Dios amante y un Dios Bueno, entonces ¿por qué entonces este hombre, rey Usías, tiene que morir para que Isaías vea al Señor? ¿Cuál es la conexión? Como más profundicé en esto, he encontrado una serie de razones.

Cuando estudiamos la vida del rey Ussía, nos encontramos con algunas ideas interesantes. Ussía fue coronado rey a la edad de 16 y dijo que lo que hizo era recto ante los ojos de Jehová, y mientras lo hacía, Dios le hizo prosperar (ver 2 Crónicas 26:1,5). Llegó un momento en su vida, sin embargo, cuando llegó a ser fuerte con el pecado del orgullo entrado en su corazón, y transgrediendo el mandamiento del Señor por entrar en el templo para quemar incienso en el altar del incienso. Esto era algo que a sólo los sacerdotes del Señor que fueron consagrados para quemar incienso se les permitió hacerlo. Dice que Usías se quedo furioso con los sacerdotes, y de repente fue golpeado con la lepra y tuvo que vivir en el aislamiento para el resto de su vida (ver 2 Crónicas 26:19)

Tomando esta historia de Usías en cuenta, podríamos volver a leer Isaías 6:1 de esta manera: "En el año que murió el orgullo, vi al Señor." Si tenemos los ojos abiertos y caminamos en la llenura de nuestra herencia en Cristo, el principal problema que tendremos que enfrentar es la cuestión de orgullo. Nuestro personaje no está formado a través de las pruebas y a través de las aflicciones que pasamos. Nuestro personaje se revela a través de esas pruebas y aflicciones.

Usted puede preguntar—¿qué prueba tuvo Usías? La prueba de prosperidad y abundantes bendiciones del Señor a menudo conduce a un falso sentido de orgullo en nuestras propias habilidades. Nos olvidamos de que es el Señor que nos ha bendecido a nosotros y no nosotros mismos.

Tiene que saber su derecho de nacimiento. Según la ley de primera mención, su nacimiento es ver y conocerle a El cara a cara. La clave para entrar a nuestra herencia y desbloquear este aspecto de nuestro derecho de nacimiento es pasión. Obstáculos pueden ser orgullo, ignorancia, tradición y doctrinas de hombres en lugar de la palabra de Dios.

Un espíritu contrito y humillado no desprecia Dios. Entrado en humildad, nos trae al lugar de recibir la herencia que nos pertenece.

La Humildad De Sembrar

¿Qué aspecto tiene la verdadera humildad? En Lucas 15, tenemos un ejemplo clásico de verdadera humildad. En este capítulo, encontramos la historia del hijo pródigo.

Luego dijo: un hombre tenía dos hijos. Y el menor de ellos dijo a su padre: "padre, dame la parte de bienes que caen a mí." Así que él dividió a ellos su sustento. Y no muchos días después de que el hijo menor reunió todo junto, viajo a un país lejano y allí desperdició sus posesiones con vida pródiga. Pero cuando todo lo había gastado, surgió una hambruna severa en aquella tierra y empezó a estar en necesidad. Luego fue y se unió a un ciudadano de ese país, y lo envió a su hacienda para que apacentase cerdos. Y él alegre habría llenado el estómago con las vainas que comían los cerdos, y nadie le regaló nada. Pero cuando llegó a sí mismo, dijo, "Cuántos de los sirvientes contratados de mi padre tienen pan suficiente y de sobra, y yo perezco de hambre! Me levantare e iré a mi padre y le voy a decir a él, "padre, he pecado contra el cielo y ante ti, y ya no soy digno de ser llamado tu hijo. Hazme como uno de tus jornaleros contratados." Y él se levantó y vino a su padre. Pero cuando todavía estaba lejos, su padre lo vio y tuvo compasión y corrió y cayó sobre su cuello y lo besó. Y el hijo le dijo: "padre, he pecado contra el cielo y ante ti y ya no soy digno de ser llamado a tu hijo." Pero el padre dijo a sus siervos, "trae el mejor traje y pónselo a él y poned un anillo en su mano y sandalias en sus pies. Y Traed el becerro engordado aquí y matadle y nos dejan comer y ser feliz; por este mi hijo estaba muerto y ha revivido; se había perdido y lo he encontrado. Y empezaron a ser feliz"(Lucas 15:11-24).

Hay un par de cosas que quiero ver en este pasaje. El tema primordial en la vida de este hijo menor inmaduro fue egoísmo. Quería lo que era suyo por derecho de nacimiento aunque el calendario era inadecuado. Una herencia debía ser recibida sólo por el fallecimiento del testador, no mientras él vivía. Pero a este hijo pródigo le era inmaterial. Quería lo que él quería, y él lo quería ahora!

Entonces se acercó a su padre y dijo: "Dame la parte de bienes que caen a mí".

De manera similar, gran parte de la iglesia emula esta misma actitud en nuestra inmadurez. Somos un pueblo que está bien familiarizado con esta misma actitud "Dame", interpretada por este hijo. Lo sorprendente es el hecho de que el padre en su amor, sabiendo lo que pasaría en la vida de este joven, dice, "Aquí está tu herencia". Esto debe haber contristado y herido el corazón de ese padre, no sólo por la descarada actitud de su hijo, sino porque él sabía lo que le iba a pasar a este joven.

Pregunta usted, "Cómo sabe eso?" Lucas 15 muestra las parábolas del Reino. Como tal, podemos postular que el padre representado aquí es un tipo de Dios el Padre y los hijos son una imagen de judíos y gentiles hijos de Dios.

Como seguimos esta historia, vemos a este hijo pródigo tomando su herencia y desperdiciándola en vida desenfrenada en un país lejano. Pronto hubo una hambruna en la tierra, y toda su herencia fue utilizada hasta el punto en que era indigente.

El principio es cierto entonces como ahora es: Si no aprendes a sembrar, nunca cosecharás. No podemos seguir derrochando los dones de Dios exclusivamente en la iglesia! Nunca ha sido más importante que lo es ahora de sembrar en el campo de cosecha lo que el Señor nos ha dado tan libremente. A menudo reto el cuerpo de Cristo alrededor del mundo que si realmente quiere más unción debe dar lo que tiene; Si quiere más revelación, suelte la revelación que tiene. Al hacerlo, usted entrara en la plenitud del tiempo el cual, debía ser tiempo de semilla y cosecha. Nunca ha sido exclusivamente por dinero!

Mira lo que hizo a este hijo pródigo el hambre en la tierra. Le hizo unirse a un ciudadano de ese país, y fue tentado a comer de la basura del mundo! Si seguimos desperdiciando a nuestra herencia en nosotros, llegaremos al lugar de hambruna espiritual. Cuando lo hagamos, seremos muy tentados a comprometernos con el mundo y comer lo que sea que desean darnos de comer.

Fue en este punto—en la parte más baja de la vida de este hijo—que ocurrió un evento extraordinario. Versículo 17 dice de esta manera: "Pero cuando vino a sí mismo..." De repente, la realización de la bondad de su Padre se convirtió en una realidad para él, y comenzó a entender que en casa de su Padre había más que suficiente, incluso para aquellos que no eran hijos pero eran sirvientes.

Versículo 19 nos da una idea de lo que parece el proceso de maduración para aquellos que realmente desean avanzar en la plenitud de su herencia en Cristo: "...Ya no soy digno de ser llamado a tu hijo. Hazme como uno de tus jornaleros contratados."

Asombroso!

La revelación viene a este hijo por medio de quebrantamiento y humildad. Ya no era su enfoque sobre sí mismo en un deseo egoísta. Ahora se da cuenta de que es el don gratuito es una cosa y se mueve de su impetuoso "Dame" a la verdadera marca de un hijo maduro—"Hazme." Su humildad se refleja en el hecho de que no hizo petición de la restauración del Padre a su lugar como hijo con todas sus ventajas, sino que su Padre le permita convertirse en un sirviente.

Finalmente vino este hijo a la edad—tomó responsabilidad. Él dijo: "Yo no puedo culpar al mundo; No culpo a mi Padre por darme mi herencia; No culpo a mi educación. El único que me puso en esta pocilga fui yo". Así que con humildad y con un corazón arrepentido, regresó a su padre.

La Pasión Del Padre

Ahora vemos una imagen de la pasión del Padre. Su Padre lo vio y corrió a encontrarle a su hijo. Corrió y le agarró en un abrazo y dijo. "Te amo; estáis en tu hogar! "Cuando empezó a hablar con su Padre, su Padre lo detuvo antes de que pudiera terminar lo que había ensayado y dijo, "Tráele el mejor traje."

Este hijo que era muy inmaduro, deslizado en corazón y perdido en el mundo llegó a sus sentidos. Tiene una revelación—hazme es más importante que dame!

Luego regresa a su Padre con una disposición a aceptar la responsabilidad de sus propias acciones—un signo de madurez—y el Padre hace algo sorprendente. Le presenta el mejor traje! Un nuevo manto le fue dado porque este hijo había venido a su edad; había alcanzado el lugar de la madurez.

A continuación afirma "Poned un anillo en su mano". El anillo es significativo en las escrituras. Habla de muchas cosas—riqueza, autoridad y honor. Pero lo más importante, habla del poder de la autoridad que lleva el nombre de la familia. Todo quien lleva ese anillo puede tramitar negocio en nombre de la familia o la persona a quien se asocia el anillo. Sólo aquellos que están lo suficientemente maduros para entrar en estos esfuerzos tuvieron el honor de llevar tal anillo.

No sólo eso, el padre dijo: "Poner las sandalias en sus pies." No sólo él recibe el manto mejor, sino también está equipado con la preparación del Evangelio de la paz.

El propósito de nuestra vida no es exclusivamente enfocada sobre el hacer, sino sobre el devenir. Ser como Jesús es, debe ser la mayor búsqueda de nuestra vida. La verdadera adoración de Dios es ser obediente a su palabra.

Eres una generación única y tienes un destino profundo. Es tu derecho de conocerlo cara a cara.

Porque nuestra aflicción liviana, que es pero por un momento, está trabajando para nosotros mucho más superior y eterno peso de gloria, mientras que no miramos a las cosas que se ven, sino a las cosas que no se ven. Porque las cosas que se ven son temporales, pero las cosas que no se ven son eternas.(2 Corintios 4:17-19)

La escritura nos dice claramente que debemos mirar a las cosas que no se ven. Lógicamente, eso no tiene sentido. Después de todo, ¿cómo puedo mirar algo que no se puede ver? El principio aquí es interesante. Con el fin de percibir y caminar en un cielo abierto, usted debe ser capaz de desarrollar una capacidad visual. Hombre pecador es muy limitado en su capacidad de mirar a la gloria.

Hombre redimido, sin embargo, tiene acceso a través de la sangre de Jesús no sólo para mirar en ese reino, pero para experimentar todo lo que tiene que ofrecer en esta vida así como en la vida venidera

Recuerde la ley de primera mención en la Biblia: la primera vez que algo se menciona en la Biblia, desde ese punto puede utilizar esta primera mención como punto de base para interpretar todas las otras escrituras que hablan del mismo tema. Según la ley de primera mención, entendemos que como creyente se nos considera la casa de Dios y la puerta del cielo (ver Génesis 28; 1Corintios 6:19). Para que seamos capaces de caminar en la plenitud de la revelación y realizar todo el potencial de esto, debemos tener una capacidad visual en el Reino del Epíritu.

Vista Verdadera

Ser espiritualmente ciego es más incapacitante que ser físicamente ciego. ¿Por qué? Porque el Reino del Epíritu es la verdadera realidad. El Reino natural en que estamos físicamente es una sombra del reino espiritual. Así que estamos viviendo en un reino oscuro—una sombra o anticipo— de cuál es la verdad. La escritura nos enseña claramente que vosotros y yo estamos sentados junto a él ahora en los lugares celestiales (véase Efesios 2:6).Lo que hemos hecho es ejercitar demasiado nuestros sentidos naturales hasta ser vuelto tan dependientes de ellos que hemos descuidado el desarrollo de nuestros sentidos espirituales a nuestro detrimento. Y sin embargo lo espiritual es exactamente donde debe ser nuestro enfoque. Hemos nacido de nuevo, no un hombre natural sino un hombre espiritual. Si somos incapaces de crecer en nuestra capacidad para funcionar y somos atenuados a lo espiritual, en esencia nacemos incompletos, siendo espiritualmente ciegos y sordos. Somos espiritualmente discapacitados.

Por ejemplo, ¿cuántos de nosotros hemos estado en reuniones y sentido la unción? ¿Cómo hicisteis eso? Vuestros sentidos espirituales estaban en sintonía en ese momento, y fuisteis capaces de discernir la presencia de la unción. Sentisteis algo en la atmósfera. Os conectasteis.

De la misma manera usted puede conectarse visualmente por el olfato, oyendo, por el tacto y por el saborear con el Reino del Espíritu. Además hay otra manera con que podemos conectarnos con este reino, el cual examinaremos con más detalles en este capítulo. Es esencial, incluso imperativo, que aprendamos a utilizar y funcionar con nuestros sentidos espirituales.

En Juan 3:3, Jesús le dijo: *"Cierto, de cierto os digo que, a menos que se naciere de nuevo, no se verá el Reino de Dios,"* tenemos una tendencia a espiritualizar las cosas que no entendemos. Después de todo, es más fácil empujar algo lejos a un lugar seguro de oscuridad mística o históricamente pasado en lugar de examinar y estudiar la palabra para comprender mejor lo que está siendo transportado.

Cuando Jesús dijo ver en Juan 3:3, literalmente quiso decir ver con sus ojos. Si ha nacido de nuevo usted puede ver, el Reino de Dios. La mayoría de nosotros podemos testificar el hecho de que podemos ver el Reino de Dios operativamente. Por ejemplo, a menudo cuando alguien acepta a Jesús cambia la apariencia de rostro entero, que es una manifestación externa de una transformación interior basada en su interacción con el Reino del Espíritu. En estos casos, verán el Reino de Dios en acción en lo natural porque ha producido una transacción espiritual— el individuo se ha ido desde el Reino de las tinieblas y fue transformado y llevado al Reino de la Luz

Sin embargo no es eso lo que estoy hablando aquí. La palabra ver en griego es eido, que significa ver literalmente o figurativamente. [2] En su mayoría, los Cristianos se han inclinado hacia el sentido figurado porque es más cómodo y más fácil de aceptar. Prácticamente, no podemos ignorar el hecho de que también significa ver en el sentido literal.

En Lucas 24 comenzando en el versículo 13, vemos a dos discípulos temprano en la mañana del tercer día de viaje a una ciudad llamada Emaús, que estaba a unos siete kilómetros de Jerusalén.

El hecho de que es literalmente siete y medio kilómetros de Jerusalén es intrigante en sí y por sí mismo. En las escrituras, siete es el número de descanso, Pacto promesa cumplida, y terminación.³ ocho significa nuevos comienzos. Estando a medio camino entre siete y ocho habla de una transición de un día o de una temporada a otra.

Su destino era Emaús. Este es un cuadro profético y habla claramente a aquellos de nosotros temprano en la mañana en este tercer día. Emaús significa "ser ardiente desde el amanecer hasta el ocaso."4 tenemos un destino en este tercer día; Dios está claramente y específicamente llamándonos a Emaús. Debemos estar constantemente apasionados en nuestra búsqueda del Señor. Cuando tomamos la decisión de viajar o movernos hacia este lugar de pasión constante, Jesús viene junto a nosotros y comienza a abrir la palabra para nosotros.

El versículo 28 dice que cuando finalmente llegaron al lugar, Emaús, su destino, Jesús actuaba como si tuviera la intención de seguir adelante. Aquí fue una prueba de su pasión. Acaso ellos le permitirían continuar sin ningún intento de hacerle quedar con ellos?

El verso 29 dice que cuando El actuó como si continuaría, "ellos le restringieron." La palabra restringieron muestra su pasión—su necesidad. Significa "a la fuerza, obligar a, con un fervor ardiente."5 esto no es como si pidieron cortésmente a quedarse y cenar con ellos. ¡No! Gritaron con un apasionado alegato para que se quede. Después de que Jesús aceptó y entró, se sentó a la mesa con ellos, partió el pan y lo bendijo, fueron abiertos los ojos y lo conocieron. La clave para finalmente ser abierto los ojos era haber alcanzado su destino de Emaús— pasión constante.

El Séptimo Día

Era la pasión la llave que abrió la puerta a la intimidad. Esto, a su vez, abrió la palabra de la revelación que causó sus ojos a abrirse. El resultado final fue una apertura de sus sentidos a un encuentro cara a cara con Jesús:

Y él les dijo. "*Cierto, de cierto os digo que hay algunos aquí que no probará la muerte hasta que vean el Reino de Dios con poder*" (Marcos 9:1).

Otra vez se utiliza la palabra eido—ver literalmente así como en sentido figurado. El siguiente versículo continúa: "*ahora seis días después Jesús tomó Peter, James y Juan y los llevó para arriba en una montaña alta aparte por sí mismos; y él se transfiguró delante de ellos*"(Marcos 9:2).

Secuencialmente y lógicamente, siete sigue a seis. Después de seis días, o en el séptimo día, Jesús tomó a Pedro, James y John a una alta montaña donde él se transfiguró delante de ellos.

He cubierto a este tema en mayor detalle en mi libro anterior, promesa profética del séptimo día, pero voy a dar una breve introducción aquí con el fin de mi punto.

Pero, amados, no olvidar una cosa, que con el Señor un día es como 1 mil años y 1 mil años como un día (2 Pedro 3:8)

Desde los tiempos de Jesús hasta la vuelta del siglo, hemos completado dos días o 2 mil años. Históricamente, también podemos contar hacia atrás 4 mil años a Adán. Desde Adán hasta la vuelta del siglo, hemos completado 6 mil años o, según las escrituras, seis días. Ahora estamos temprano en la mañana en el séptimo día.

Después de seis días (en el séptimo día), Jesús reveló el Reino de Dios a Pedro, James y John de una manera que nunca habían experimentado antes. Estaban presentes para ver un aspecto del Reino de una manera que nunca habían concebido. Con sus ojos bien abiertos, vieron a través del velo del tiempo a la eternidad y fueron testigos de Jesús hablando a Moisés y Elías cara a cara!

Ahora recuerden, era el séptimo día que Jesús les llevo a esta montaña donde tenían esta experiencia inusual (después de seis días). También estamos proféticamente en el séptimo día.

Hay una historia que no puedo verificar ni desacreditar de hebrea tradición oral sobre Jesús y su tiempo de oración a solas, cuando podría separarse de la prensa de la gente y alejarse hacia una montaña para estar con el Señor.

Jesús dijo en Juan 5:19 que sólo hizo lo que vio al Padre hacer. Según esta historia, cada noche cuando Jesús saldría a orar, él se sentaría y empezaría a dialogar con Su Padre diciéndole lo que hizo ese día. Examinaría su día con el Señor.

Cuando terminó, el Padre le diría y mostraría lo que vería y haría al día siguiente para que Jesús supiera adónde iría, con que se encontraría y exactamente lo que iba a suceder. Es por ello que Él dijo que sólo hizo lo que vio al Padre hacer.

No puedo decir si esto es hecho u otro adorno o no. Sin embargo presta al hecho de que nuestro derecho de nacimiento es ver el Reino de Dios. Jeremías declara, *"Clama a mí, y yo responderé y te mostrare cosas grandes y poderosas, que no conoces"*

(Jeremía 33; 3). La Biblia también dice en Juan 16:13 que el Espíritu Santo nos lleva y nos guía a toda verdad y nos mostrara las cosas por venir.

Además, si Jesús es nuestro modelo de lo que significa caminar como hijo maduro y si su palabra es para ser creída (y es), entonces nosotros deberíamos no innecesariamente ser agravados con la idea de que el Monte de la experiencia de la Transfiguración que tuvo dentro del Reino de la posibilidad para nosotros también.

Viendo Su Rostro

La primera vez que escuché esa historia, le pedí al Señor, "Señor podría ser la norma para nosotros?" ¿Por qué no puedo sentarme con mi Padre y hablar con él cara a cara?

Éxodo 33:20 inmediatamente vino a la mente: "pero él dijo:" No puedes ver mi rostro; porque ningún hombre podrá verme y vivir.

Inmediatamente me di cuenta de que este versículo sería un desafío para muchos, así que comencé a buscar las escrituras. Paul dijo: "por lo tanto, si alguno está en Cristo, es una nueva creación; las cosas viejas pasaron; He aquí, todas las cosas se han convertido en nuevas"(2 Corintios 5:17). Como una nueva creación en Cristo, ahora tenemos acceso al Padre.

Que él se manifestará en su propio tiempo, que es el bendito y sólo potentado, el Rey de Reyes y Señor de señores, quien solo tiene la inmortalidad, viviendo en inaccesible luz, a quien no hombre le ha visto o le puede ver, a quien sea honor y poder eterno. Amén (1 Timoteo 6:15-16).

La palabra hombre en 1 Timoteo 6:16 arriba es la palabra griega átropos. Según el Diccionario Completo de Estudio de Palabra, la palabra significa a "hombre pecador". En otras palabras, es el hombre pecador quien nunca ha visto o es capaz de ver al Señor que habita en luz inaccesible. Nosotros los redimidos ya estamos sentados allí junto a él! (véase Efesios 2: 6)

Hay numerosos pasajes de las escrituras que declaran expresamente que muchos tuvieron relación cara a cara con el Señor. Por ejemplo:

En el año que murieron el rey Usías, vi yo al Señor... (Isaías 6:1).

Así que Jacob llamó el nombre del lugar Peniel: "Porque yo he visto a Dios cara a cara, y mi vida se conserva" (Génesis 32:30).

Luego se subieron Moisés, también Aarón, Nadab y Abiú y setenta de los ancianos de Israel, y vieron al Dios de Israel. Y había debajo de sus pies como si fuera una obra pavimentada de piedra de zafiro, y era como el cielo en su claridad. Pero en la nobleza de los hijos de Israel El no puso su mano. Así vieron a Dios y comieron y bebieron (Éxodo 24:9-11).

Además, recordemos que Moisés le conocía cara a cara como un amigo (véase Éxodo 33:11). Entonces, ¿cómo podemos reconciliar Éxodo 33:20 con tantos otros pasajes de las escrituras indicando que vieron al Señor cara a cara? Otra vez, algo *va a morir*, y ese algo será nuestra carne.

Alumbrando Nuestra Luz

Volviendo a Marcos 9:1-7, Jesús tomo a los discípulos en una montaña alta, y como él oró él se transfiguró delante de ellos. La ropa comenzó a brillar más allá de cualquier capacidad humana para hacerlos y empezó a hablar con Moisés y Elías cara a cara. Hablaban a Jesús cara a cara más allá del velo de la eternidad.

Recuerde, Jesús dijo que algunos de los que estaban con él no iban a morir hasta que vieran el Reino de Dios venir en el poder. Luego llevo tres de ellos arriba de una montaña donde el velo fue rasgado entre este reino natural y el eterno, y vieron a Jesús como nunca antes lo habían visto.

En muchas ocasiones he tenido acceso y he visto en el Reino del Espíritu. Es tanto educativos como impresionante en alcance.

He presenciado la operación del Espíritu de Dios, lo Angélico, lo demoníaco y también el espíritu humano. ¿Sabes cómo te ves en el espíritu? Eres un ser de luz abrumadora. Es por eso qué Jesús usó la ilustración de sus seguidores como *"la luz de este mundo"* (Matthew 5:14). Muchas veces a lo largo de las escrituras, aludió al hecho de que somos seres de luz, y cuando se activan vuestros ojos espirituales empezáis a entender y comprender de forma más tangible exactamente lo que Él estaba diciendo.

La luz que está dentro de nosotros, sin embargo, puede ser oscurecida. Puede ser atenuada por pecados no confesados. Puede estar oculta en la oscuridad porque queremos "mezclar" con el mundo en lugar de sobresalir y ser un ejemplo brillante. Es por ello que es tan vital que seamos rápidos para arrepentirnos y aplicar la sangre de Jesús.

Tengo un amigo que estaba en un avión una vez cuando tuvo una visión. En la visión, vio a millones y millones de personas hasta donde los ojos podían ver todos vistiendo la misma ropa gris, monótona. Como lo cuenta, todos ellos aparecieron deprimidos, caminando con sus cabezas hacia abajo.

El Señor le dijo que eran suyos, pero tenían el malentendido que una vez que habían aceptado a Cristo y fueron salvos, ese era el finalde la materia.

El Señor pasó a decirle que cuando llegó el nuevo nacimiento, vistió a sus hijos en prendas blancas, limpias y brillantes, porque sus pecados habían sido lavados. A medida que continuaron a lo largo de su vida, sin embargo, pecados no confesados y los afanes de esta vida comenzaron a incidir sobre ellos, y sus vestiduras blancas una vez se convirtieron en embotado con estos compromisos y los pecados.

Mientras continuaba la visión, el Señor le dijo que hemos descuidado nuestra propia responsabilidad para santificarnos y para nuestra propia salvación con temor y temblor. Debemos ser rápidos para arrepentirnos cuando el pecado se encuentra en nuestra puerta. Debemos aprender a valernos de una nueva solicitud de la sangre cuando confesamos nuestros pecados. De esta manera, nuestras prendas siguen siendo blancas y seguimos sin mancha del mundo.

Desafortunadamente, la mayoría no tienen suficiente madurez para asumir la responsabilidad de sus propias vidas y acciones. Como Adam, son rápidos para señalar con el dedo en todas direcciones, excepto ellos mismos, cuando en realidad la manera más fácil a la victoria es diciendo, "Padre, perdóname."

Empujando el Velo Hacia Atrás

Continuando con Marcos 9 encontramos otro aspecto interesante y algo que debe ser abordado. Jesús parece haber estado hablando con los muertos—Moisés y Elías (ver Marcos 9:4). Nos han enseñado que si hablas con los muertos es "nigromancia". Encontramos la admonición del Señor contra tales prácticas en Deuteronomio:

No habrá hallado en ti quien hace su hijo o su hija pasan por el fuego, o aquel que practica la brujería o un adivino, o uno que interpreta presagios, o un hechicero, o quien conjura hechizos, o médium o un espiritista o uno que le llama a los muertos.

Porque todos los que hacen estas cosas son una abominación a Jehová (Deuteronomio 18:10-12).

¿Cómo es posible que Jesús puede hacer algo que parece que contradice las escrituras y aún permanecer sin pecado? La respuesta se encuentra en nuestra comprensión de lo que significa estar "muerto".

Y EL os dio vida, a vosotros que estabais muertos en delitos y pecados (Efesios 2:1).

Y tú, siendo muerto en vuestros pecados y en la falta de circuncisión de vuestra carne, os dio vida juntamente con él, habiendo perdonado todas ofensas (Colosenses 2:13).

Sin trabajar de más el punto, nos encontramos en el Nuevo Testamento una distinción entre aquellos que han aceptado a Cristo y ahora están vivos en él y aquellos que están sin Cristo y muerto en sus delitos y pecados.

Usted notará en los Evangelios y más tarde a lo largo del nuevo testamento que cuando un individuo era redimido o un niño estaba "muerto" según la comprensión del mundo, se decía por Jesús o los apóstoles que estaban dormidos. Los redimidos van de la vida a la vida en el momento de la transición de este reino natural al reino eterno!.

¿Estaba Jesús cometiendo pecado hablando con Moisés y Elías? No, se estaba comunicando con aquellos que fueron parte de la familia de Dios ya en la gloria. No estoy diciendo que deberías tratar de interactuar con quienes se han ido! Lo que estoy insinuando es que debemos comprender la realidad de ambos reinos de la existencia. Hay temporadas cuando se puede tener visiones del cielo y hablar con aquellos que nos han precedido en la eternidad, pero usted no debe buscar estos tipos de experiencias. Mantenga su corazón y su pasión centrados sobre Jesús. Aquellos que optan por seguir hablando con los muertos se encuentran siendo engañados. Entender esto: Jesús no estaba buscando una audiencia con Moisés y Elías. Fue siendo llevado del Espíritu y a hacer lo que el Padre ya le había mostrado.

La explicación que se encuentra en Lucas 9 de la Transfiguración tiene una perspicacia agregada:

Y he aquí, dos hombres hablando con él, que eran Moisés y Elías, que aparecieron en gloria y habló de su fallecimiento que iba a cumplir en Jerusalén (Lucas 9:30-31).

No estaban muertos; estaban más vivos que nunca habían sido, porque estaban en la gloria. Estaban en su estado natural en lugar de nuestro estado subnormal causado por la caída del hombre en el Edén.

Una de las cosas que suceden cuando se comienza a interactuar con el Reino del Espíritu es que comenzamos a darnos cuenta que la comunicación es clara y concisa y a menudo incluye penetración en qué ha de ocurrir, ya sea inmediatamente o en el futuro, como fue el caso en esta porción de la escritura con Jesús. Él estaba discutiendo los eventos que estaban a punto de ocurrir y fue adquiriendo conocimiento y revelación desde una perspectiva celestial. Me encantaría saber cómo fue esa conversación.

Pero Peter y los que estaban con él estaban cargados de sueño: y cuando despertaron vieron su gloria y los dos hombres que estaban con él (Lucas 9:32).

Este es otro ejemplo de personas físicas, naturales con sus ojos abiertos para contemplar algo sobrenatural que ninguno de ellos nunca habían experimentado antes. Noten que, recibieron revelación y una palabra de conocimiento inmediatamente ya que estaban viendo este encuentro sobrenatural entre Jesús, Moisés y Elías. Pedro dijo a Jesús:

Maestro, es bueno para nosotros estar aquí; y hagamos tres tabernáculos: uno para ti, uno para Moisés y otro para Elías (Lucas 9:33).

¿Cómo sabían con quién Jesús se estaba comunicando? ¿Estaban Moisés y Elías usando etiquetas? Sus nombres fueron escritos en llamas de fuego sobre sus cabezas?

Otra vez, cuando Usted está en ese lugar de la interacción con el Reino del espíritu, viene conocimiento instantáneo. Hay un patrón que he notado a lo largo de la palabra de Dios que demuestra este principio en relación con la revelación— visitación, revelación, activación.

Penetración En La Intimidad

Como sabemos, revelación puede venir sin visitación, sin embargo, rara vez si alguna vez recibimos revelación sin mayor intimidad.

Cada vez que vemos una visitación en la Biblia, hay una liberación de la revelación. Eso, a su vez, activa el grupo o individuo en un caminar más profundo y más significativo con el Señor. Se pueden mostrar en mayor audacia o autoridad. Puede venir con una mayor unción. La visitación y la revelación impactarán al creyente en una manera tal que lo cambia a partir de ese momento y que se activa en un nuevo Reino del discernimiento y la intimidad.

Refiriéndose a nuestro testimonio anterior mientras que en Irlanda, Dios comenzaron a moverse en una forma maravillosa. No estábamos tanto pidiendo al Señor más que querer entender lo que estaba hablando con nosotros en esa temporada. Lo que dijo era asombroso, y sin embargo dio una visión más clara para avanzar. Dijo: "estos son dolores de parto. Estoy preparando mi gente, en este mover de Dios. Yo los estoy fortaleciendo para que puedan resistir bajo el peso y la gloria de Dios."

Si aún no podemos sumergir nuestros pies en el río de lo que Dios está lanzando ahora, si no podemos correr con los soldados, ¿cómo podemos mantener carrera con los caballos (ver a Jeremías 12:5)? Hemos visto multitudes de personas caer bajo el poder y la unción de Dios, que nos muestran cuando un hombre natural entra en contacto con el poder sobrenatural de Dios, el cuerpo humano simplemente tiene cortocircuitos. Vendrá un tiempo cuando somos fortalecidos al punto donde se puede soportar bajo un mayor peso de gloria. ¿Si la gloria de Dios va a cubrir la tierra como las aguas cubren el mar, y nuestra respuesta a esa gloria es caer al suelo continuamente en el Espíritu, significa que todo el mundo va a caer sobre la tierra.

Así es que el Señor comenzó a hablar con nosotros: "Estoy empezando a dejarles tocar la gloria, para que ustedes puedan ser capaces de pararse en la hora de mi visitación sobre toda carne." Vamos a ser fortalecidos en la gloria hasta el punto donde podemos estar en la misma atmósfera del cielo. La gloria de Dios es la atmósfera del cielo. Los toques de su gloria, nos suelta, nos prepara para el encuentro con la persona del cielo— Dios el Padre!

Es absurdo y una absoluta parodia cómo la iglesia camina en la derrota. Camina alrededor con su cabeza abajo en depresión, opresión, y la enfermedad. Lo hacemos porque no entendemos que estamos en Cristo. Esta es una de las principales razones, creo, que el Señor está abriendo nuestros ojos, trayéndonos a un lugar de madurez y revelando el hecho de que la capacidad de ver en el Reino del Espíritu nos pertenece a nosotros. Vamos a conocerlo cara a cara, y vamos a ser todo lo que dice que somos.

¿Qué significa ver? Significa ver. No lo cambie y lo haga tan místico que se convierta en más allá de su alcance de obtenerlo. No le den otra definición; significa exactamente lo que dice—ver. Vuestro derecho de nacimiento es ver con claridad en la esfera espiritual y conocerlo cara a cara. *Una vez más, ser espiritualmente ciego es ser más incapacitado que ser físicamente ciego.* Jesús dijo

Cierto, de cierto os digo que, de ahora en adelante veréis el cielo abierto y los Ángeles de Dios subiendo y bajando sobre el hijo del hombre (Juan 1:51).

Viendo a Sus Mensajeros

Usted es el cuerpo de Cristo: encuentros angelicales deben ser una experiencia cristiana normal, no la excepción. Una palabra de precaución en cuanto a encuentros angelicales: nosotros no adoramos a los Ángeles, no mandamos los Ángeles y no pedimos a Dios que nos muestre los Ángeles! No entren en este error.

Un subproducto natural de la pasión por Cristo y por ir caminando en el Reino del Espíritu y es ver a los Ángeles. La experiencia más impactante

no es ver a los Ángeles, sino conocerlo cara a cara! Él debe ser nuestra obsesión magnífica, nada más.

He caminado en muchas iglesias donde he sentido y visto al ángel que ha sido asignado a esa iglesia en particular, y le aseguro, a menudo en cuanto entro por la puerta y veo a ese ángel inmediatamente sé la condición de la iglesia.

Recuerde, visiones son un aspecto de la comunicación y como tal, una faceta del lenguaje espiritual a través del cual el Señor habla a menudo. He venido a entender en mi "idioma" con el Señor que si veo a un ángel parado ahí aburrido, esa iglesia en particular no está logrando ni cumpliendo su destino.

He visto a algunos Ángeles que parecen que están agotados; tienen sus espadas desenvainadas, y parece como si ellos han estado sudando. La comunicación en este caso es que esa iglesia en particular ha sido eficaz en su Comisión y su visión del Señor, y el hecho que el ángel se ve cansado es debido a que está protegiendo de los ataques del enemigo o siendo enviado para llevar a cabo la voluntad del Padre ‹ a través de la intercesión, oraciones y decretos del grupo de creyentes en esa casa.

Los mensajeros de Dios—Ángeles—les encanta estar ocupado con los asuntos del Padre! Hemos visto esto una y otra vez, porque el Señor quiere que aprendamos a través de visiones y la interacción con el reino espiritual para saber lo que está pasando. No es sólo "gigantes espirituales" o profetas que puedan vivir y caminar en este tipo de claridad. Esto está disponible para cada creyente renacido. Es nuestro derecho y nuestra herencia.

En los últimos años he estado fascinado de escuchar personalmente los testimonios de un número de Naciones con respecto a los niños que están siendo traídos en este reino de la revelación y la interacción con el tercer cielo. Estos niños no tienen toda la mentalidad mundana que desaprender, ni tienen el adoctrinamiento religioso para superar. Allí surge una pureza de corazón y de expresión cuando relatan sus experiencias y la comunicación de Dios a esta generación.

De estos vasos puros, sin pretensiones, escuchamos los actos increíbles de fe. Por razones desconocidas, cuando conocimos a un número de estos niños un par de años atrás, todos ellos tuvieron su primera experiencia a los ocho años de edad. Mientras buscaba al Señor acerca de esto, lo escuché hablar con mi espíritu, "Es una temporada de un nuevo comienzo". (El número ocho en la Biblia habla de resurrección y nuevos comienzos). Estos niños están siendo atrapados en el tercer cielo y reciben la palabra de Dios para sus familias, iglesias, regiones e incluso para todo el cuerpo de Cristo. En varias ocasiones, después de su experiencia pueden citar la Biblia desde Génesis hasta Apocalipsis. Hay un tema común que se ha expresado a través de cada uno de ellos cuando comparten sus experiencias: El viene antes de lo que pensamos.

Él está Viniendo!

En Rosh Hashaná, el 18 de octubre de 2009, al mientras yo estaba ministrando en Perth, Australia, yo tuve una visita del Señor. Una de las cosas que me dijo fue, "Dile a mi gente que ahora vengo pronto". No puedo expresar en palabras el anhelo en esas palabras. Jesús anhela ver la plenitud de su herencia, la iglesia, ser completa.

Yo solía trabajar para TBN en televisión en la década de 1970 y principios de los ochenta. Esa temporada fue una de las más informativa y educativa en mis primeros años de vida cristiana. Las experiencias y la penetración que coseche de los muchos invitados del espectáculo nocturno "Alabado sea el Señor" tuvieron un efecto profundo en mi vida. Al mismo momento que estaba trabajando allí, también iba al colegio bíblico. Cada día estudiaba en el aula y aprendía verdades históricas, bíblicas y doctrinales para ayudar a formar y marcar mi carácter cristiano y darme una mejor comprensión de la Biblia, Yo estaba adquiriendo mucho conocimiento mental, que es un buen punto de partida, pero no necesariamente cerrar la brecha entre el conocimiento mental y la intimidad con Cristo.

No parecía haber una progresión clara y concisa desde el estudiar para aprender a cómo aplicar ese conocimiento prácticamente.

Uno de los momentos más profundos para mí fue cuando la escatología fue el tema del espectáculo, y Paul y Jan invitaron a tales maestros como Hal Lindsey, Hilton Sutton, Doug Clarke y un anfitrión de otros huéspedes. Hubo gran discusión sobre el retorno de Cristo, si sería un rapto pre, medio- o de la captura de la iglesia después del milenio.

Como fascinado en que estaba, me quedaba muy confundido durante estas discusiones!. Argumentos convincentes se pondría adelante para cada vista, lógicamente todos ellos sonaban razonables y dependiendo de su teología podría todo ser verdadero y exacto. Como muchacho de 20 años pasando por Colegio Bíblico, no sabía qué creer. Pensé que tenía una clara comprensión basada en lo que me habían siempre enseñado, pero cuando se me presentó con diferentes vista no estaba preparado para hacer una defensa basada en mi propio entendimiento de la palabra de Dios. Eso todavía estaba siendo formado en mí.

Finalmente, un día después de luchar con mi falta de comprensión y tener un genuino deseo de saber la verdad, le dije al Señor, "todo esto es tan confuso; todos ellos parecen estar en su punto de vista hasta que escuché un punto de vista opuesto, y luego cada uno a su vez parece estar mal! ¿Cómo sé cuál es la verdad—mediados, pre - o la postmilenial captura?"

El Señor respondió a mí, "¿realmente quieres saber cuándo voy a volver?"

Le dije, "Sí Señor quiero saber".

Él dijo: "voy a volver hoy."

Me sorprendí y empecé a ponerme nervioso. "Hoy".

Me habló entonces una verdad simple que hasta el día de hoy ha mantenido todo en perspectiva para mí: "Sí, hoy es todo lo que uno cualquiera tiene. Si vives cada día con la expectativa de mi regreso, estará bien."

Mi Visión

Con el entendimiento que visiones son tanto la lengua como la palabra hablada, déjenme compartir con ustedes una experiencia que tuve mientras enseñaba en el lugar de reunión en Kettle Falls, Washington, el 22 de julio de 2006. Esa noche durante el servicio de adoración, vi a un carro de fuego aparecerse en la habitación. El caballo de ese carro era blanco con ojos azules y estaba bañado en el fuego. Sus ojos brillaban con una profundidad de inteligencia y el entendimiento que era sorprendente y, desde una perspectiva terrenal, casi aterradora. Fui capaz de inmediato de comunicarme con él. Mi comunicación no era en palabras, pero con sólo una idea podría ser entendido por él, y él, a su vez, podría comunicarse conmigo de la misma manera.

Cuando había terminado la sesión con una oración de la activación, fui guiado por el Espíritu para invitar a todos los presentes (33 personas) a pasar adelante y estar en el carro. Cuando la gente se reunió hacia el frente y cerraron sus ojos, empezaron a tener experiencias visionarias, algunos incluso fueron atrapados en el tercer cielo. Algunos estaban sintiendo el fuego de Dios a tal punto que una persona dijo más tarde que su chicle literalmente se derritió en la boca.

Personalmente fui atrapado en el Espiritu y llevado a las estrellas por medio de este carro de fuego. La experiencia fue una vez electrizante y al mismo tiempo aterrador. Al dejar la atmósfera de la tierra, vi que el cabestro y el arnés se desvanecieron del caballo, y se comunicó conmigo, "no hay necesidad de eso." Inmediatamente me dieron a conocer que en el cielo con tales criaturas comunicación y confianza son un vínculo mutuo de amor inquebrantable, y no hay necesidad para que uno pueda controlar el otro.

Me llevaron alrededor de los anillos de Saturno en un instante y luego, cuando volvimos hacia la tierra, nos detuvimos a una distancia de unos 30.000 kilómetros o así—lo suficiente para ver toda la circunferencia del globo. (Me imagino en la distancia. Fue lo suficientemente lejos que yo era capaz de ver el mundo del tamaño de una pelota de baloncesto muy grande.)

Mientras miraba a la tierra, vi una nube de hongo—una explosión nuclear. Inmediatamente le pedí al Señor, "Este es los Estados Unidos o el Medio Oriente?" La impresión que me llegó fue que estaba saliendo del Medio Oriente.

Cuando la nube se levantó en el cielo, inmediatamente vi un reloj comenzar una cuenta regresiva. Mientras miraba a este reloj, de repente millones de ángeles vestidos de rojo rodeando el globo y miraban atentamente a la tierra. Tuve la impresión de que eran los "que contienen" las hordas del infierno, así como dar a testimonio silencioso a los últimos momentos de esta dispensación en el planeta tierra.

Mi atención fue enfocada otra vez hacia la tierra ya que vi cientos si no miles de almas ascendiendo al cielo. Sabía en mi espíritu que este no era el rapto, sino que éstas eran las almas de aquellos que murieron alrededor de la tierra durante este tiempo de angustia.

Decidí que quería seguir el curso de uno de estos individuos como él o ella, no lo sé, corrió delante de mí a mi derecha. Quería saber cómo se parecía ese viaje final del Reino natural a la eternidad con el Señor.

Cuando me di vuelta, me quedé atónito al ver a Jesús como se describe en el libro de Apocalipsis, sentado en un caballo blanco con las huestes del cielo, también en los caballos, en una línea de escaramuza a la derecha y a la izquierda de él. Todo fue silencio en ese momento y sabía dentro de mi espíritu que estábamos en los últimos momentos antes del regreso de Cristo.

Padre, te ruego que empieces a revolver en los corazones de aquellos leyendo estas páginas. Anhelamos conocerte cara a cara, Señor. Tu palabra dice que si te pedimos por un pez, no nos darás una roca, y es por eso que ahora te pedimos que actives esta revelación dentro de cada individuo. Abre nuestros ojos para ver al Padre, en nombre de Jesús.

Notas Finales

1.   Por más de esta clase de historias, vea a Christine Darg, Mila-gros entre los Musulmanes: La Visión Jesús (Pescara, Italia: Ima-gen Destino Europa, 2007)

2.   James Strong, Concordancia exhaustiva de Strong, #1492.

3.   Vea a E.W. Bullinger, números en escrituras (New York, NY: Cosimos Clásicos, 2006). También vea a Kevin J. Conner, Interpretando los Símbolos y tipos (Portland, OR: Editor de Biblia Templo, 1992).

4.   Para una visión más clara sobre el tercer día, vea Bruce D. Al-len, La Promesa del Tercer Día (Shippensburg, PA: Editor des-tino imagen, 2007).

5.   James Strong, Concordancia exhaustive de Strong, #3849.

BRUCE D. ALLEN

CAPITULO TRES

La Imaginación Santificada:
Los ojos en El

En los capítulos anteriores, hemos compartido que es nuestro derecho el ver en el Reino del Espíritu. Esto pertenece a cada creyente, no sólo unos cuantos seleccionados individuos dentro del cuerpo de Cristo. En este capítulo, voy a hablar sobre un aspecto de una promesa que se encuentra en la palabra de Dios que raramente si nunca se ha enseñado, y todavía tiene un impacto directo sobre nuestra capacidad para activar nuestros ojos espirituales. Es tan estratégico y vital para nosotros como creyentes, es increíble que nunca hemos aprovechado el poder de esta verdad. Al aprender a utilizar y aplicar esta revelación, ella tiene el potencial de cambiar radicalmente y transformar nuestras vidas.

Entonces, ¿cómo aprendemos a ver el Reino de los Cielos o a ver en el mundo espiritual? Una de las principales claves para comenzar a caminar en este tipo de revelación está en Mateos.

Jesús dijo, *"pero les digo que cualquiera que mira a una mujer para codiciarla ya adulteró con ella en su corazón"* (San Mateo 5:28).

Es muy claro lo que Jesús está diciendo. El considera una realidad a vuestra imaginación. En una visión una vez, el Señor me mostró cómo formó y creó los cielos y la tierra. Toda la creación comenzó con una imagen en su mente. Lo vio en su imaginación.

Mientras meditaba y reflexionaba sobre lo que estaba viendo en su imaginación. Sus pensamientos—las imágenes y las ideas que tenía— cayó en su corazón y de la abundancia del corazón hablaba. Cuando hablaba, vi a Jesús, quien es la palabra de Dios, fue hacia adelante, y el Espíritu Santo le ungió y le dio poder para lograr lo que el Padre había hablado.

Ojos de la Imaginación

Porque nosotros somos creados a imagen de Dios, operamos de la misma manera, incluso si no se da cuenta o entiende cómo funciona esto. Por ejemplo, no es un pecado tener pensamientos impuros o contrarios a la escritura. Pensamientos no son el problema. Involucrar a esos pensamientos y meditar en ellos les causará a caer en vuestro corazón donde se convierten en actitudes pecaminosas que conducen a la conducta pecaminosa.

Su mente es el principal campo de batalla cuando se trata de involucrar al enemigo. Él os atacara con pensamientos durante todo el día. Algunos de nosotros no hemos tenido victorias en absoluto porque no hemos entendido esto. Algunos de nosotros hemos tenido algunas victorias, pero llegamos cansados en hacer bien y pelear la buena batalla de la fe. La batalla de la fe no es siempre una manifestación hacia el exterior; es un entendimiento interno y una posición tenaz sobre la palabra. Es por eso qué Pablo amonesta a llevar cautivo todo pensamiento a la obediencia de Cristo (ver 2 Corintios 10:5).

Que el Dios de nuestro Señor Jesucristo, el Padre de gloria, puede dar a usted el Espíritu de sabiduría y de revelación en el conocimiento de El, los ojos de vuestro entendimiento siendo iluminado; que sepáis cuál es la esperanza de su llamamiento, ¿cuáles son las riquezas de la gloria de su herencia en los Santos, y cuál es la extraordinaria grandeza de su poder para con nosotros los que creemos, según la obra de su gran poder (Efesios 1:17-19).

¿Cuáles son los ojos de tu entendimiento? S.Pablo no está hablando solo acerca de comprensión como en conocimiento y pensamiento. Existen "ojos" asociados con el conocimiento y pensamiento; Sin embargo, no nos centramos en este tema en particular.

Hay dos palabras griegas básicas que tienen que ver con la palabra mente en el Nuevo Testamento. La primera palabra es dianoya, que significa "imaginación". Por ejemplo:

Jesús dijo: *"Amarás al Señor tu Dios con todo tu corazón, con toda tu alma y con toda tu mente* (dianoya)" (San Mateo 22:37).

Luego podríamos parafrasear esta escritura y leer, "Amarás al Señor tu Dios con todo tu corazón, tu alma y tu imaginación".

Bueno, ¿cómo amar a Dios con mi imaginación?

Se parece a cuando estáis enamorado de alguien. Es natural que continuamente, si no constantemente, "veamos" en vuestra imaginación— como parecían en ese momento especial cuando la luz les golpeó, la mirada de alegría o tristeza en su rostro durante ese momento, etcétera. Cuando aprendemos a "verlo" en vista de nuestras mentes, estamos cumpliendo con las escrituras.

Vamos a intentar un ejercicio práctico. Cierre los ojos e Imagínese a sí mismo en una playa de arena con un té frío helado en la mano mientras está mirando el océano azul claro como el cristal con los cálidos rayos del sol que le broncean suavemente a un color dorado. O para aquellos que prefieren las hermosas montañas majestuosas, imagínese a sí mismo en un prado de montaña hermosa con flores de primavera justo surgiendo.

Hay un águila volando sobre las corrientes de aire y una suave brisa en su rostro. ¿Se imagina eso? Si es así, estás viendo ese lugar en tu imaginación. Nuestra imaginación es un regalo de gran alcance.

El mundo a menudo piensa que esas cosas son creadas por el enemigo, pero el diablo nunca ha creado o inventado nada.

Es un mentiroso y un impostor desde el principio; Él toma hechos, los tuerce para que se ajusten a sus propósitos y luego los presenta como verdad. Dios nos dio esta mente. Jesús mismo dijo: "Amarás al Señor tu Dios con todo tu corazón, tu alma y tu *dianoya.*

El Nuevo Diccionario de Teología Volumen 3 dice que cuando se utiliza la palabra griega *dianoya* en relación con el corazón, siempre significa "imaginación".

Diccionario de Vine decir *dianoya* es una facultad renovada por el Espíritu Santo, llamada imaginación. Nuestra imaginación debe ser renovada o santificada por el Espíritu Santo, entonces se convertirá en un arma en su arsenal que puede ser utilizado. El mundo dice, "lo que la mente del hombre puede concebir y creer, puede lograr". Es una declaración que se basa en la Palabra de Dios.

Ojos de la mente lógica

La segunda palabra para la mente es dialogismo, y significa, literalmente, "a tener en cuenta completamente, para deliberar por la reflexión".[2] se habla de una mente lógica y de razonamiento. Lucas habla sobre la reunión de María con Gabriel: *"Y cuando lo vio, ella se turbo mucho por estas palabras, y se preguntaba en su mente* (la lógica, razonamiento mental) *Qué clase de salvación debe ser"* (S. Lucas 1:29 KJV)

¿Es la mente lógica y el razonamiento algo para ser considerado contrario a Dios o equivocado? Absolutamente no—Dios os la regaló. ¿Es la imaginación mal? Absolutamente no—Dios os la regaló. El problema surge cuando no se santifica nuestra imaginación o nuestro lógico razonamiento mental! La mayoría de los Cristianos dejan su mente vagar por donde quiere en cualquier momento.

Como seguidores de Cristo, tenemos que *echar abajo cualquier pensamiento o imaginación que se exalte a sí mismo contra el conocimiento de Dios* y llevando cautivo todo pensamiento a la obediencia de Cristo (ver 2 Corintios 10:5).

Cuando no lo hacemos así, nos impedimos y obstaculizamos a nosotros mismos en nuestro crecimiento espiritual y nuestra habilidad para caminar en los reinos de revelación e intimidad disponible a nosotros a través de la Cruz.

Hechos 18:4 se refiere a S. Pablo, diciendo, *"y él razonó* (dialogismo) *en la sinagoga todos los Sábados y persuadió a los Judíos y los Griegos."* Hay momentos cuando debemos utilizar lógica y la razón para llegar a nuestra audiencia. S. Pablo iba continuamente ante el liderazgo, a persuadir y convencerlos de que Jesús era el Mesías. No hay nada malo con usar lo que Dios os dio! Sin embargo, si no cedemos nuestra capacidad de razonar con lógica al Espíritu Santo y la Palabra de Dios, estamos en peligro de malinterpretar o malentender la verdad revelada sólo a través del Espíritu de Revelación. Nuestra mente lógica y de razonamiento debe ser santificada

El diablo quiere que malentienda el uso y el poder de su imaginación santificada. No quiere que consiga la visión y la revelación con respecto a los ojos de su entendimiento o imaginación. El no quiere que los ojos de Su dianoya (imaginacion) se iluminen. Si usted comprende propimente y usa el potencial de este regalo, lo arrojara a un nivel de conciencia que dejara muy poco espacio para el enemigo y sus viejos trucos para que sean no mas efectivos en sus vidas.

Hay una conexión entre la parte de su mente que controla imágenes, fotos y sueños y su corazón. Se podría decir que dudar con el corazón literalmente significa dudar con su imaginación. Permítanme darles una ilustración para ayudarle a entender este punto. Utilizare un ejemplo de mi propia experiencia en el ministerio.

La Realidad surge del Corazón

En una reunión donde nosotros estábamos ministrando, un individuo se acercó durante el llamado al altar y quería oración para la curación. Cuando estábamos orando, hubo un muy fuerte sentido de la unción yendo hacia su cuerpo—en particular, en la región del cuerpo que necesitaba un toque de parte del Señor. Su comentario fue que ella nunca había sentido antes una tan fuerte unción al pedir oración para esta enfermedad particular.

El problema surgió cuando estábamos haciendo oración y le preguntamos a esta persona lo que el Señor estaba haciendo en ella. La única respuesta dada fue que todavía podía ver la necesidad por asistencia continua a través de otros medios. Este individuo se vio a sí misma en su propia imaginación—que seguía enferma, tomando su medicina y yendo a ver al médico. Curación en este caso no fue afectada porque dudaba con su corazón—su imaginación.

Dudar con el corazón significa dudar con la imaginación. En orden para que un individuo dude con el corazón, se utilizan imágenes visuales. Cuando los pensamientos se utilizan conjuntamente con el corazón, siempre significa utilizando la imaginación. La palabra de Dios dice que son sanados! Si usted se ve enfermo, lo verá en su imaginación. Si usted se ve curado, es en su imaginación que "ve" esto.

Podemos expresar este concepto de otra manera: el corazón hace contacto con el mundo espiritual y la boca libera el poder de ese reino; o, la imaginación hace contacto con el Reino del Espíritu y de la abundancia del corazón, habla en acuerdo o desacuerdo con lo que esta "viendo".

La mayoría de la iglesia Occidental se ha preocupado con la lógica mente del razonamiento más bien que la imaginación. Los ojos de la imaginación deben ser iluminados, pero no han sido.

La palabra Griega para iluminado en Efesios 1:18 es fotitsmo.³ De la misma palabra derivamos la palabra de *la fotografía*. En cuanto los ojos de nuestro entendimiento—o nuestra imaginación— están iluminados, nos hacen ver. En otras palabras, al momento que los ojos de nuestro entendimiento o imaginación empiezan a recibir "instantáneas" del Reino de Dios, nos hacen ver.

Empiezo este proceso estableciendo mis afectos en las cosas de arriba; Santifico mi imaginación y marco fotos del Reino de Dios en mi imaginación. Mientras hacemos esto, algo sobrenatural empieza a ocurrir. Hay un principio bíblico que dice que con lo que se concentra se conectará, y cuando viene la conexión la activación se lleva a cabo.

Cuando nosotros aprovechamos el poder de una imaginación santificada, enmarcando debidamente fotos del reino en nuestra mente y continuamos practicando y concentrándonos en esto, nos conectamos y la activación lleva a cabo. ¿Qué es la activación que se lleva a cabo? Usted se mueve del enmarcar sus propios cuadros a ver en el Reino del espíritu con los ojos bien abiertos. Voy a seguir repitiendo este principio a lo largo de este libro, así como dar tambien ejemplos para mejor ilustrar y ayudar en este proceso de activación (o manifestación) en nuestras vidas.

Voy a parafrasear lo que Pablo estaba orando en Efesios 1:18 según el entendimiento que tenemos de las palabras griegas: "Que los ojos de su imaginación puedan recibir imágenes del Reino de los cielos, para que así conozca su destino."

El puente entre el alma y el espíritu es el puente de una   imaginación santificada, porque Jesús consideraba a la imaginación ser realidad. O lo diríamos así: El puente entre el alma y el espíritu, entre el medio natural y sobrenatural, es una imaginación santificada.

Si empezamos a aplicar este principio de santificar nuestra vida de pensamiento y enmarcar fotos del Reino de Dios en nuestra imaginación, algo comienza a suceder. Comenzamos a aprender un nuevo "lenguaje" que únicamente se convierte en nuestra lengua con Dios. Recuerde, visiones son un lenguaje; una imagen vale mil palabras. Lo más que aplicamos este principio, más rápido es la activación.

En Josué vemos otro ejemplo:

*Este libro de la ley no se apartará de tu boca; Sino que tu meditaras en ella día y noche, para que observes a hacer conforme a todo lo que está escrito en él: porque entonces harás tu camino próspero, y entonces tendrás buen éxito (*Josué 1:8 KJV).

La palabra hebrea usada para meditar es la palabra haga que significa "murmurar; para reflexionar, imaginar, meditar, o rugir."4 "Este libro de la ley no se apartará de tu boca, pero deberás reflexionar e imaginar en él día y noche...", o "*correctamente deberá enmarcar fotos* del Reino día y noche, para que puedas observar a hacer conforme a todo lo que está escrito en el mismo. Entonces usted hará su camino próspero, y entonces tendrá buen éxito."

*Que nadie menosprecie tu juventud; pero sed un ejemplo de los creyentes, en palabra, en conversación, en caridad, en espíritu, en fe, en pureza. Hasta que yo venga, dad asistencias en la lectura, a la exhortación, a la doctrina. No descuidéis el don que hay en ti, que te fue dado por profecía, con la imposición de las manos del presbiterio. Meditad sobre estas cosas; entrégaos a vosotros mismo totalmente a ellas; que vuestro beneficio pueda aparecer a todos (*1 Timoteo 4:12-15 KJV).

"Imagine debidamente enmarcando cuadros de estas cosas; Entréguese totalmente a ellos, que su beneficio puede aparecer a todos." Ahora es un contexto nuevo. La palabra meditar, recuerde, es dianoya—imaginar o marco de fotos en su imaginación. Entréguese totalmente a esto, y entonces prosperará.

Audiencia de Uno

Cuando estaba en la Universidad de la Biblia, era muy tímido. Usted no podía pagarme para que yo vaya frente a una audiencia. Tomé falta de calificaciones en la escuela secundaria y la Universidad por no levantarme y dar un informe oral. Yo estaba aterrorizado.

Pero esta pasión por Jesús estaba ardiendo en mi corazón, y sabía que tenía una vocación y destino en Dios, y estaba desesperado por ser liberado del miedo al hombre.

Mi padre se salvó en octubre de 1973, y en 1978 entró en el Ministerio a tiempo completo. Es un misionero/evangelista y ha sido usado poderosamente por Dios en más de 40 naciones. Solía ir detrás de la cortina de hierro en la Ex Unión Soviética y en las iglesias subterráneas a lo largo de esas naciones. Vio profundos milagros, señales y maravillas que eran impresionantes para mí cuando los escuché. Todo el tiempo yo me veía a mí mismo haciendo las mismas cosas y mucho más, pero yo estaba aterrorizado para enfrentarme a la gente.

Durante la escuela bíblica, yo tenía un amigo que trabajaba para pagar sus costos en la escuela como un guardia de seguridad. Trabajaba el turno de noche, y lo convencí de que me deje entrar en la capilla de la escuela todas las noches. Me subia a la plataforma, e iría a través de un servicio integral de anuncios hasta la bendición. Adoraría, predicaría el Evangelio y a veces incluso daría una llamada al altar, al mismo tiempo imaginando una sala llena de gente. Hice eso todas las noches por meses, porque tenía esta pasión y celo en mí y sabía que tenía una llamada de Dios en mi vida.

Entonces una noche, mis ojos de repente se abrieron y vi cada silla llena con un ángel. No sentía miedo, sólo una sensación de asombro, y todavía estaba lleno de una confianza y una paz que nunca había conocido. Esa noche que me di cuenta por primera vez que había sólo una audiencia para yo siempre complacer, y esa era el Señor. Así que yo prediqué con todo mi corazón en plena confianza ante las huestes del Cielo con muchos rotundos amén para animarme.

Esta práctica de imaginándome ministrando ante una audiencia comenzó a dar forma y cambiar mi carácter. Compartía con otros lo que estaba haciendo y me decían que era erróneo imaginar asi y en absoluto no una postura cristiana a tomar.

Debido a esta resistencia de aquellos con quienes compartí, la lógica, razonamiento parte de mi cerebro entro y me dijo que era sólo mi imaginación y que no estaba bien. Esta batalla rugía dentro de mí y me causaba tal agitación hasta esa noche, seis meses después, cuando vi una habitación llena con los Ángeles. Al mismo tiempo no entendía esta verdad que estoy compartiendo con ustedes—que es de acuerdo a los cuadros de marco con mi imaginación.

Finalmente, cuando tuve un poco más de coraje y comencé a ministrar un poco, la noche antes de ir a ministrar oraba e intercedía. Tenía la visión de Milagros sucediendo y la gente respondiendo al mensaje. Sorprendentemente, ninguno de los encuentros dio resultados como lo había imaginado. El Mensajero de Satanás susurro en mi oído, diciendo: "Si tu estas tratando de imaginar, no va a suceder."

Era fácil de comprar en esa mentira, porque la evidencia empírica consistente de acuerdo con lo que el enemigo quiso hablar conmigo. Así que dejé de imaginar lo que tendría lugar por temor a arruinar cualquier oportunidad que tenía de ver esas cosas acontecer antes de empezar la reunión.

Permití que el diablo me robase por bastantes años uno de las herramientas estratégicas que Dios nos ha dado. Entonces el Señor comenzó a enseñarme la verdad sobre el poder de una imaginación santificada, y me enojé que yo me había dejado engañar con el enemigo durante tanto tiempo. La palabra es sin duda precisa cuando afirma. *"Mi pueblo es destruido por falta de conocimiento..."* (Oseas 4:6)

Cuando tenemos personas que vienen para la curación, es lo primero que les pregunto, "¿Cómo van a saber que son sanados?" Quiero que marquen una imagen. Algunos de ellos dicen, "por la fe," que es excelente, pero entonces le pregunto si van a tener dolor en su cuerpo.

Cuando dicen "Sí" Entonces repito la pregunta hasta que responden, "el dolor dejará". Quiero enmarcar una foto en su mente de que ese dolor o dolencia se han ido y ellos saldrán libres. Una vez que vean su curación en su imaginación, entonces oramos.

Rara vez alguna veo a alguien que ha aprendido a verse curado dejando en la misma condición que antes que hemos orado. Aprendí esto a través de revelación y por práctica.

La Imaginación Santificada

Si correctamente puede enmarcar una foto en su imaginación santificada, si usted puede ver esta palabra de Dios como una realidad, caminará en él. Dios nos dio una imaginación para usar para su gloria. Cada invento creado en este mundo fue concebido en la imaginación de alguien. Es natural utilizar esta facultad en nuestra vida diaria normal. Lo que tenemos que hacer es comenzar a usar este mismo regalo en nuestro enfoque a lo sobrenatural, y construiremos un puente sobre el vacío entre lo natural y lo sobrenatural.

Y dijo Jehová: he aquí, el pueblo es uno, y tienen todos una lengua; y empiezan a hacer esto; y ahora nada se refrenara de ellos, lo que se han imaginado hacer (Génesis 11:6 RV).

Esta es una Escritura poderosa. Significa que si me lo imagino, no hay nada imposible para mí. Aunque es verdad para cada ser humano, recuerde, hablamos de los redimidos y una imaginación santificada.

Otra interesante escritura se encuentra en Juan: "tu padre Abraham se regocijó al ver mi día: y lo vio y estaba contento" (S. Juan 8:56 KJV). Tanto la palabra ver y vi son la palabra Griega edio, que significa "ser consciente, he aquí, se ven". ¿Es bíblicamente posible ver el futuro? ¡Claro! Jesús dijo: el Espíritu Santo vendrá y nos mostrará las cosas por venir (ver S. Juan 16:13). No sólo es posible ver el futuro, Juan en la isla de Patmos fue arrebatado en el Espíritu en el día del Señor y fue llevado hacia el futuro y se muestra lo que sucedería al final de la edad.

¿Cómo sobrevivió Moisés esos 40 años en el desierto? *"Por la fe él abandonó Egipto, no temiendo la ira del rey; porque él soportó como viéndolo a El que es invisible"* (Hebreos 11:27). La palabra viendo es la palabra hebrea horao, que significa "compartir en, discernir claramente ya sea físicamente o mentalmente."5 Moisés sobrevivió 40 años en la parte trasera del desierto porque él desarrolló la habilidad de ver a Dios cara a cara, tanto física como mentalmente.

Era la relación que Moisés desarrollo con el Señor durante este tiempo que lo faculto a soportar. ¿Cómo se inició esta relación y se desarrolló a tal punto que estaba viendo a Dios cara a cara? No puedo darle una respuesta definitiva. Puedo compartir con ustedes cómo he llegado a ese lugar: comienza con una pasión devoradora por él y mediante la construcción de un puente entre lo natural y lo sobrenatural de una imaginación santificada.

¿Cómo ve algo que es invisible? Comienza con su imaginación.

"Lo mantendrá en perfecta paz, cuya mente está hospedada en ti, porque confía en ti" (Isaías 26: 3). Esa palabra mente en hebreo es yetser. Habla de lo enmarcado en su imagination. 6

Dios mantendrá en perfecta paz cuya imaginación se fija en él. Desde ese lugar de enfoque, viene confianza.

A la luz de este entendimiento, algunas otras escrituras comienzan a dar un nuevo significado: *"Mirando a Jesús, el autor y consumador de la fe..."* (Hebreos 12:2). *"Establecer su afecto en cosas más arriba, no en las cosas en la tierra"* (Colosenses 3:2 KJV). *"Acercaos a Dios, y él se acercará..."* (Santiago 4:8). ¿Cómo lo hacemos? Hay veces cuando el Señor soberanamente inicia este proceso. Él habla, nos convence y nos corteja; Soñamos con sueños, o nos quita el velo y vemos al instante. Gracias Dios que ocasionalmente él entra en nuestras vidas! Me gustaría que lo hiciera más a menudo. Más realista, sin embargo, es un proceso que usted y yo debemos perseverar con pasión que podemos conectar y caminar en nuestra herencia.

Cuando los hijos de Israel llegaron a la tierra prometida, no fue el final de su viaje. Fue el comienzo de un nuevo aspecto de su caminar con Dios. Hubo una batalla que se avecina ante ellos a fin de sujetar la tierra prometida.

Esto se convierte en una imagen para aquellos de nosotros que han aceptado a Cristo y han entrado en nuestra tierra prometida. Debemos trabajar por nuestra propia salvación con temor y temblor (ver Filipenses 2:12). La santificación es un proceso.

Asegurar nuestra tierra prometida es un proceso. Entrando en la plenitud de nuestra herencia significa que tenemos que poner algún esfuerzo y hacer algo. No es sólo una utopía instantánea. Jesús hizo una manera de hacernos pasar ante el Trono de Dios, mediante el establecimiento de nuestro corazón y la imaginación en el Señor. Cuando Pedro caminó en el agua, lo primero que tenía que hacer era salir del barco. Una vez que estaba fuera del barco, estaba comprometido. Lo primero que tenemos que hacer es salir del Reino de la religión en que hemos operado por tanto tiempo y estar comprometidos y no regresar. La Aventura de Dios está ante ustedes.

Notas Finales

1. James Strong, Concordancia Exhaustiva de Strong, #1271.

2. Ibid., #1260

3. Ibid., #5461

4. Ibid., #1897

5. Ibid., #3708

6. Ibid/. #3336

CAPITULO CUATRO

La Imaginación Santificada: Aventura Activadora

He escuchado por años personas decir que están en un "viaje" en Dios. He cambiado esa expresión para adaptarse mejor a la realidad de esta vida con el Señor. Para mí, ya no es un viaje lento, mundano—es una aventura. Cada día estoy descubriendo nuevas cosas acerca de Dios que no sabía antes, así que yo vivo en un sentido de esperanza y anticipación. Cada día tiene el potencial para una revelación que nunca había visto. Cada día tengo el privilegio de ver al Señor cara a cara!

Mi pasión en este libro es que usted también pueda despertar a esta revelación y entrar en la aventura de descubrimiento que yo he llegado a conocer y vivir. Voy a hacer esto tan simple y comprensible como pueda, pero será de usted poner estas herramientas a utilizarlas y caminar en esto. Puedo decirle que si comienza a practicar estos principios, cambiará drásticamente su vida, como la mía. Permítanme reiterar una vez más: En lo que usted se concentra, usted hará conexión con el tiempo y una activación se llevará a cabo.

Había un hermano que, cerca del final de 1960, comenzó a recibir una revelación de este principio. ¿Un día en su tiempo de meditación y oración, el Señor le dijo: "hijo, te gastaría pasar tiempo conmigo solo como un amigo? No tengo a nadie que simplemente a pase el tiempo conmigo como un amigo. Todos siempre vienen con una petición, intercesión, a varios pedidos, pero nunca quieren estar conmigo solo por quien soy".

Este hermano era un hombre muy ocupado, enseñando a tiempo completo en la Universidad de la Biblia así como ministrando los domingos. Sus días estaban llenos. Pensó y meditó sobre lo que había dicho el Señor, no queriendo comprometerse a hacer algo sin cumplirlo.

Dijo: "Señor, el único tiempo que tengo es de las 2:00 de la mañana a las 3:30, pero lo haré".

Él hizo un compromiso, y cumplió su palabra. Así que cada noche en diez minutos para las 2.00hrs, él se levantó de la cama y entro en la sala de estar para pasar ese tiempo con el Señor. Comenzó a practicar "debidamente a enmarcar una imagen" de Jesús sentado frente a él. No se preocupó por la exactitud, porque nunca obtendrá precisión si no lo intenta. Nunca se convierte en experto si no empieza. Así que cada noche, él se sentaba y hablaba a Jesús como un buen amigo. "¿Cómo pasasteis tu día Jesús? ¿Qué opinas sobre esto o aquello?"

Porque Jesús había venido a él y le pidió de pasar tiempo juntos como un amigo, este hermano no pediría sólo preguntas— charla—pero él escuchaba lo que estaba en el corazón del Señor esa noche. Llegó hasta el punto que tanto disfrutó de este tiempo a solas con el Señor hablando de amigo a amigo que miraba con anticipación cada noche por estos tiempos solos con el Señor.

Un día un año más tarde, se levantó otra vez mirando con interés a su tiempo con el Señor. Mientras estaba sentado en su sillón, oyó la puerta de atrás abrirse y cerrarse. A las 2:00 de la mañana, no hace falta decirlo, fue una sorpresa. Él oyó pasos caminando por el pasillo y en la sala entro Jesús, y se sentó en la silla frente a este hermano.

El Señor dijo, "porque estabas dispuesto a pasar este tiempo conmigo como un amigo y has practicado este principio (en lo que te concentras eventualmente se conectará contigo, y cuando te conectas, activación vendrá), desde este día en adelante Me verás claramente donde quiera que vayas por el resto de tu vida."

Lleva cautivo a todo pensamiento

La primera vez que escuché esta historia fue en 2004 en una conferencia en California. Fui tan desafiado y entusiasmado con la posibilidad de que esto se convierta en realidad en mi vida que empecé a poner este principio en acción. Me senté cada día en un lugar tranquilo y a enfocar mis pensamientos y mi corazón al Señor. "Enmarcaba una foto" de Jesús en mi imaginación y comenzaba a conversar con él.

Ahora cuando usted comienza a practicar esto, descubre que la mente humana es muy indisciplinada. La mayoría de nosotros podemos concentrarnos en una cosa durante unos ocho a diez segundo, luego nuestra imaginación se va a algún lugar que nunca pretendimos llegar. A medida que ustedes comiencen a ponerlo en práctica, otros pensamientos invadirán sus mentes y trataran de distraerlos.

Derribe estos pensamientos y consiga su enfoque en Jesús (ver 2 Corintios 10:5). No puede cansarse de hacer el bien, no puede ni debería desanimarse al comenzar esta disciplina; después de todo, la mayoría de nosotros hemos vivido toda la vida sin disciplinar nuestra vida de pensamiento. En un día no puede deshacer lo que ha hecho durante la mayor parte de su vida. Se necesita práctica.

A medida que continua practicando este principio, usted se contactará con lo que se enfocó y activación se llevará a cabo. El puente del Reino natural a lo sobrenatural es la imaginación santificada. Este es un principio poderoso encontrado la palabra de Dios trabajando con nuestra vida de pensamiento que hemos aprovechado o utilizado de la manera que Dios manda.

Cuando primero fui salvo a la edad de 14, leía la Biblia y me ponía a dormir en menos de cinco minutos. Literalmente no recaude nada en esto. Era como un idioma extranjero para mí.

Lo único que sabía era que mi espíritu estaba siendo alimentado, pero yo no podía deducir nada de mi Biblia del Rey Santiago que mi mente natural podría captar y comprender.

Entonces un día, cuando tenía 17 años, leí el libro prisión a alabanza por Merlin Carothers. Sólo hubo una oración en la espalda que decía si quieres el bautismo en el Espíritu Santo, ore la oración que tenían en el libro. Entré en mi habitación, me arrodille al lado de mi cama y ore la oración en el libro. Inmediatamente comencé a hablar en otras lenguas. Igual de rápido, la razón trató de decir que era sólo yo; He oído otros hacerlo y yo estaba copiándolos. Eso es en lo que empecé a pensar.

Al día siguiente fui con mi padre a un almuerzo de los hombres de negocio del Evangelio Completo. Le dije que quería el bautismo en el Espíritu Santo con la evidencia de hablar en lenguas porque está en la palabra. Los hombres ese día se reunieron alrededor de mí, pusieron sus manos sobre mí y me dijeron que empezara a decir lo que sea que salía de mi ser más íntimo. Me sorprendió porque lo que salió fue lo mismo que me oí hablando la noche anterior!

Me di cuenta de que había sido engañado! Cada vez que se recogía la Biblia y comenzaba a leer, me dormía. Finalmente, después de dos años de eso, el Señor me dijo: "Bueno, quién te crees que no quiere que leas la Biblia?"

Después de pensarlo, recogí mi Biblia, empecé a leer y dije: "diablo, si me haces cansar, voy a leer otro capítulo. Si continúas haciéndome cansar, voy a leer el libro entero!" Sorprendentemente, nunca pasó de nuevo. Nunca he tenido un problema desde entonces en el estudio y la lectura de la Biblia.

Yo Quiero Eso !

Este es un ejemplo de cómo el Señor me ha introducido a una gran parte de lo que he aprendido en la Palabra. He tenido que tomar mi tierra prometida. Así que comencé a leer la Palabra con determinación, sabiendo que mi espíritu estaba siendo aún alimentado no teniendo mucha comprensión.

Cuando fui lleno del Espíritu Santo, de repente fue como si una luz se encendió. Las Escrituras estaban llenas de Vida y de Revelación.

Fue durante este tiempo mientras estuve leyendo que el Señor me trajo a Jeremías. Él me habló a través de este versículo, diciendo. *"Antes que yo te formara en el vientre materno te conocí; y antes que nacieras, te consagre, te puse por profeta a las Naciones* (Jeremías 1:5)

Comencé a indagar con mi pastor y otros lo que eso significaba. Algunos dirían que yo sería un pastor, algunos un misionero, otros diría yo sería un evangelista—nadie tenía un paradigma para ser un profeta en la década de los setenta. Así que me quedé perplejo, porque nadie sabía exactamente qué era. Yo seguí meditando sobre la escritura, y algo comenzó a moverse dentro de mí. Empecé a creer que todo era posible, y si la Biblia habló de eso, Yo lo deseaba. A medidas que leía la Biblia, empecé a encontrarme con historias que desatarían mi celo e imaginación. Por ejemplo, he leído como Enoc caminó tan íntimamente con Dios que lo llevaron a estar con Dios (ver Génesis 5:24). Pensé. "Señor, tú no haces acepción de personas; Cuando el próximo lugar esté en línea, quiero inscribirme".

Empecé a leer historias de la Biblia y a decirle a Dios, "¡quiero eso!" hasta que empecé a creer. Empecé a visionarme caminando en la misma atmósfera sobrenatural como los patriarcas de la antiguedad. Entonces un día llegué a Segundo de Corintios:

Ciertamente no me conviene glorificarme. Vendré a las visiones y revelaciones del Señor: Yo conozco a un hombre en Cristo que hace catorce años—si en el cuerpo no lo sé, o fuera del cuerpo no lo sé, Dios lo sabe—fue arrebatado hasta el tercer cielo. Y conozco a tal hombre— ya sea en el cuerpo o fuera del cuerpo, que no lo sé, Dios lo sabe—cómo él fue arrebatado en el paraíso y oyó palabras inefables, que no es dado al hombre pronunciar (2 Corintios 12:1-4).

Eso fue Pablo hablando, y cuando leí este pasaje de las escrituras inmediatamente me desafió a mi espíritu! Me declaré en voz alta que, porque Dios no hacia una acepción de personas, yo quería caminar en eso y lo haría!

Mi pasión había sido desde hace mucho un deseo de experimentar a Dios, no sólo oír acerca de Dios. Comencé a formar cuadros de imágenes en mi imaginación de todas estas cosas, y entonces un día algo cambió.

Visitación

En abril de 1989, estaba en un punto muy bajo en mi vida— una temporada de quebrantamiento. Yo me quede en casa de un amigo en San Ángelo Texas. Él y su esposa pastoreaban una iglesia, y cada noche iría a la iglesia a pasar tiempo a solas con el Señor en oración y adoración. En un sábado por la noche a la 1:00 de la mañana, tuve mi primera visión y visitación de Jesús.

La primera vez no lo vi con la mayor claridad, pero sabía que era El!. Él vino con una vasija de alabastro llenada de un aceite de la unción, y lo derramó sobre mi cabeza. Inmediatamente yo estaba cubierto de cabeza a los pies con lo que parecía miel en su consistencia. Había una inmensa paz y un bálsamo que calmo mi alma dolorida, y el amor de Jesús literalmente y tangiblemente me envolvió como si estuviera siendo abrazado por Dios mismo.

Esa noche empecé una nueva aventura en Dios! Mis ojos se habían abierto, y había visto al Señor! Nunca estaría satisfecho con nada menos que ese tipo de intimidad cara a cara otra vez. Lo que yo había declarado durante tantos años había comenzado ahora—empecé a ver. Al principio no era consistente, porque en ese entonces no entendía estos principios, pero yo seguía persiguiendo a Dios.

Una vez que usted ha probado de las cosas buenas del Señor, para siempre está hambriento. Descubrí esta verdad esa noche— cuanto más aprendo, menos sé y tengo más hambre, Lo más que vi en el Reino Espiritual, lo más desesperado que me quedaba para continuar en ese lugar.

En mi búsqueda de Dios, he aprendido los principios que aquí estoy compartiendo con ustedes. Una vez que había captado a esto, continué la práctica con más fervor, y la realidad de lo que estaba viendo y experimentando se convirtió cada vez más real para mí.

Así como pasé tiempo concentrándome en el Señor, volvía a visitar la primera vez que lo vi con esa vasija de alabastro. Ahora tenía un punto de referencia, y luego marcaba esa foto y la vería una y otra vez en mi imaginación.

No pasó mucho tiempo antes de que tuve otra visita, y como seguía la práctica de estas ideas que estoy compartiendo con ustedes, estos encuentros se convirtieron más la norma que la excepción en mi vida. No nací con lo que se ha denominado una habilidad "Vidente" como algunas personas; me llevó tiempo y un corazón de pasión. Mi esposa y yo tenemos amigos en el Ministerio que obtienen imágenes 3D, a todo color o películas cuando tienen una palabra profética para alguien. Pensaron que era la norma para cada Cristiano! No es así; He tenido que practicar para llegar a ese punto. Gracias a Dios por su gracia que tropecé a través de gran parte de esto en mi camino, hasta que El me dio claridad a través de la comprensión de la palabra.

Entonces tenía dos instancias de las cuales podría enmarcar fotos y luego vinieron tres. Muy pronto tuve un catálogo de imágenes visuales para llamar. Después de eso, algo cambió.

Especialmente ocurrió cuando esta verdad se cristalizó en mi comprensión. Podría enmarcar correctamente la imagen de Jesús, y haría una disciplina cotidiana útil de por lo menos diez minutos mínimo por día. Yo usaría el marco de referencia que tenía de mis experiencias anteriores para marcar un retrato de Jesús hasta que algo pasó hace unos tres años atrás.

Visiones

Sosteníamos una conferencia en Seattle—mi amigo André Ashby, mi padre Ed Allen y yo. Esta noche en particular, yo estaba ministrando y André estaba sentado con mi padre en la primera fila. Después del servicio, André dijo que había visto un orbe púrpura detrás de mí en la pared—sólo un destello de púrpura. Después vio este mismo Orbe junto a mí mientras yo estaba ministrando.

Lo que no tenía ninguna manera de saber era que mientras yo enseñaba, al mismo tiempo que él estaba viendo orbes yo tuve una experiencia inusual en la plataforma. Vi movimiento por el rabillo del ojo derecho y cuando me di vuelta para ver lo que estaba allí, estaba parado Jesús! Él era aproximadamente de 6 pies 2 pulgadas, vistiendo un vestido blanco con un manto púrpura sobre él.

Esta "visión" fue tan real y con tanta claridad, Yo me sorprendí que todo el mundo no lo estaban viendo a Él. Su aspecto era tan claro como el cristal que no tengo palabras tratando de expresar cuan tangiblemente real era El. Mis ojos se abrieron finalmente a un grado que nunca les había abierto antes. Yo estaba completamente deshecho!.

En nuestro centro de capacitación del Ministerio, tenemos un principio que utilizamos especialmente en nuestras clases con visiones, sueños y visitas: Prueba cada espíritu cada vez! No importa quién o lo que parece, aunque parece que ser Jesús, probar todo espíritu cada vez.

La prueba se encuentra en primero de Juan:

En esto conoced el Espíritu de Dios: todo espíritu que confiesa que Jesucristo ha venido en la carne es de Dios, y todo espíritu que no confiesa que Jesucristo ha venido en la carne no es de Dios. Y éste es el espíritu del Anticristo, que habéis oído que venía y ahora ya está en el mundo (1 Juan 4:2-3).

Antes de que pudiera hacer la pregunta, Jesús "hablo". El extendió sus manos, y vi las cicatrices de clavos. Luego se volvió hacia mí y sonrió. Hasta el día de hoy no tengo palabras. Fue y sigue siendo inexplicable! Era como si la luz de 1 millón de soles sólo se había centrado en mí en todo su esplendor, y el amor inconmensurable que venía desde Sus ojos—la expresión, la majestad, la gloria, la sabiduría—era cada palabra descriptiva que se te ocurra! Necesito acaso decir cómo mi vida nunca ha sido la misma desde entonces?

Su Presencia

Desde ese día hasta ahora, lo he visto muy claramente y con bastante frecuencia. Déjeme darle un ejemplo. Al mismo tiempo ministrando en Hershey, Pennsylvania, en 2008, tuvimos una tarde inusual. Esta fue la primera vez que vi al Señor entrar a una reunión desde ese día en Seattle. Inmediatamente yo "probé" el Espíritu para determinar si estaba viendo al Señor o un impostor:

Una vez que se afirmó que el que estaba viendo era realmente Jesús, le pregunté: "Señor, qué quieres hacer?"

Él respondió: "no quiero que ores por la gente esta noche. Quiero que los invites a entrar en Mi presencia y quiero ministrarle a ellos"

Déjeme explicarle. Cuando dijo que quería que entraran en Su presencia, se refería a que ellos literalmente pasen al frente y entren en su presencia!

Compartí esto con la reunión y formamos una línea y uno por uno cada individuo vino hacia adelante y estaba parado justo donde estaba viendo Jesús parado. Las cosas más insólitas comenzaron a suceder cuando entraron en Su presencia. Algunos estaban tan conmovidos por el poder de Su presencia, que literalmente tenían que acarrearles de regreso a sus asientos.

En varias ocasiones, vi a Jesús poner su mano derecha sobre sus cabezas y pronunciar una bendición sobre ellos. Un individuo fue libertado justo en el lugar, y hubo un número de sanidad, todo en una actitud de reverencia tranquila y obediencia a lo que Jehová había mandado.

Por último pero no menos importante, el pastor, quien había estado ayudando con las personas que se presentaron, se acercó y dijo, "No voy a quedar fuera!"

Como le mostré exactamente dónde Jesús estaba de pie, ella se mudó "a" Su presencia e inmediatamente cayó bajo el poder de Su presencia.

Después de varios minutos durante los cuales el Señor se arrodilló y le ministró a ella, ella se levantó y nos dijo a nosotros en asombro, "Mira, he perdido cuatro pulgadas de mi cintura!" Este mismo escenario de Jesús apareciendo e invitando a los presentes para entrar en Su presencia ha jugado en una serie de servicios en una manera similar en varias ocasiones.

Sintonizando en el Cielo

Tú y yo somos como sintonizadores de radio. Nos estamos atentos al reino natural porque establecimos nuestra "frecuencia" para interactuar con este reino. Como redimidos, sin embargo, tenemos la capacidad de sintonizar una frecuencia mucho mayor— la esfera espiritual. Debido a mis antecedentes de televisión, cuando el Señor me dio esta ilustración de un número de años atrás comprendí inmediatamente lo que estaba diciendo. Yo puedo elige la "frecuencia" con la que quiero estar en sintonía. Puedo seguir operando en el espectro más bajo, el Reino natural, o puedo aprender a afinar bien mi "receptor" y conectar con la frecuencia de la esfera espiritual. En Cristo, tengo la capacidad del ancho completo de la banda del cielo.

Con este entendimiento, como he viajado y ministrado por todo el mundo, he aprendido a cambiar mi frecuencia y sintonizar el Reino del Espíritu, y de repente estoy viendo en dos reinos: el Reino del Espíritu y del Reino natural. Dependiendo de lo que el Señor está diciendo en ese momento, puedo ver lo angelical, muchas veces vi a Jesús parado junto a mí deseando comunicarse conmigo y también veo a la condición del pueblo donde nosotros estamos ministrando.

Permítanme compartir una instancia donde la comprensión de sintonizar una frecuencia más alta afectó mi vida y cambió mi comprensión de cómo los Ángeles de Dios funcionan. Me pidieron que enseñara por una semana en la escuela de Ministerio en Tum Tum, Washington, justo al este de Spokane. Durante esa semana, debía enseñar sobre el tema que voy a compartir en este libro—mirando a Gloria.

Porque era un curso de semana y yo estaba enseñando, mis sentidos espirituales estaban en "alerta máxima", o finamente sintonizados en lo que el Señor querría poder revelar. En la primera noche, inmediatamente después de la adoración cuando me levanté a enseñar, vi una multitud de Ángeles desde todos los puntos de la brújula llegando al centro de retiros donde estábamos.

Mi primera respuesta a una gran reunión como esta fue inmediatamente pedir a Jehová, "Padre, ¿qué está pasando? ¿Qué dices? Hay demasiados Ángeles para probar individualmente ' a ' cada uno".

El Señor respondió: "Este es de mí mismo."

Cuando estuve frente al grupo de gente, mirando por la ventana en fascinación, de repente un ángel poderoso y majestuoso llegó. Era notablemente diferente de los demás, y así averigüe del Señor, "Señor quién es ése?"

El Señor me respondió, "Ese es Miguel, el Arcángel".

Estaba sobrecogido y pensé inmediatamente, "Vamos a ver una guerra esta semana".

Continué mirando por la ventana, y en algunos momentos, en medio de la multitud de Ángeles que seguían llegando, apareció otro ángel muy majestuoso. Su pelo era de color dorado y brillaba como el fuego y sus ojos eran un azul penetrante.

Otra vez le pedí al Señor, "Quién es ese?"

El Señor respondió: "Ese es Gabriel, el Arcángel".

Estaba absolutamente estupefacto. Nunca había oído de Michael y Gabriel apareciendo en cualquier lugar al mismo tiempo fuera de los tribunales del cielo! Tampoco había alguna vez pensado o tenido la esperanza de verlos yo mismo!

Mi pensamiento inmediato al enterarme de que era Gabriel fue, "Vamos a tener proclamación profética esta semana!".

Era fascinante ver como estos mensajeros de Dios que se saludan como viejos camaradas que no han visto uno al otro en algún tiempo. Había un fragmento de intimidad y una sensación de libertad en su relación uno con el otro. Fue a diferencia de la mayoría de las relaciones que conocemos en la tierra donde erigimos barreras y falsas fachadas para protegernos a nosotros mismos. A la vez estaba impresionado y a la vez celoso de tal libertad e intimidad. Hubo gran alegría entre ellos, y también sentí un aire de expectación entre ellos como ellos ocasionalmente echaban un vistazo a la habitación donde estábamos.

Tarde o temprano tenía que hacer las sesiones de enseñanza, como era el único "viendo" en aquel momento. Durante toda la noche, me preguntaba qué estaba pasando; ¿Que tiene el Señor en la tienda? Cuando me fui a dormir esa noche, aun viendo las huestes del cielo interactuando y otro saludo como amigos perdidos durante tanto tiempo, mi mente seguía preguntando en cuanto a lo que el Señor estaba tramando.

A la mañana siguiente me enteré que una amiga, la Dra. Flo Ellers (autora del libro *Activando lo Angélico* publicado por Imagen de Destino), iba a estar enseñando a partir esa misma noche en lo angelical! Ahora mi antena estaba realmente alta!

Durante toda la semana, vi a estos ángeles a medida que la Palabra fue enseñada y, en particular durante la adoración, como ellos realmente saben cómo entrar en Su presencia con la adoración! En la última noche, la Dra. Ellers dio una asignación al grupo. Tenía cinco puntos de oración que ella había leído uno por uno. Cuando ella leyó cada punto, todos oraríamos en lenguas hasta que hubo un comunicado. La razón fue porque los mensajeros de Dios, los Ángeles, escuchan la voz de Dios, no del hombre, y entonces oramos en nuestro idioma celestial como es el Espíritu orando por nosotros, no nosotros mismos. Al hacer esto, el Señor mando a sus Mensajeros a cumplir su Palabra.

Cuando ella mencionó el primer foco de la oración, comencé a orar en el Espíritu. Lo inusual era que el Señor me dio una nueva lengua angelical en ese momento. Inmediatamente cuando oré, cerca de una docena de Ángeles respondieron y se acercaron a donde yo estaba sentado.

Ante mi había un mapa, y yo comencé a relacionar con ellos, por el Espíritu en este nuevo lenguaje, una estrategia en cuanto a cómo iban a atacar y vencer en la escaramuza a donde eran mandados.

Curiosamente, entendí todo lo que estaba diciendo. Cuando terminé dándoles sus instrucciones que dije (en lenguas), "¡Vayan!" Cuando lo dije en mi lenguaje de oración, la Dra. Ellers sin saber lo que había acontecido dijo, "OK, hemos orado a través de aquél; Pasemos al punto de oración número dos."

Durante las cinco de esas asignaciones de oración recibí un nuevo lenguaje Angélico, que en ese momento comprendí, y me fui por el mismo proceso con cada equipo de los ángeles que iban a ser instruido sobre lo que su objetivo era y cómo debían acercarse a cada batalla. En todas las cinco instancias, cuando había terminado de dar esas instrucciones y dije a cada grupo "ir", La Dra. Ellers sintió la liberación y pasaríamos a la próxima misión.

Esa experiencia cambió la forma en que entiendo la función de los ángeles ministradores. También me hizo consciente del hecho de que trabajamos juntos como siervos de Dios para ll-evar a cabo su voluntad en la tierra. ¿Qué confort y tremenda confianza saber que estos espíritus ministrantes están allí para ministrarnos a nosotros y por nosotros! Nunca debemos buscar una visitación de un ángel, ni deberíamos adorar a los Ángeles. Nuestro enfoque debe permanecer en Dios. Como he dicho antes, una salida natural de nuestra relación con Él es el Ministerio de sus ángeles en nuestras vidas.

Imaginaciones Malignas

Estas seis cosas hay que odia el Señor: Sí, siete son abomi-nación a El: una mirada orgullosa y lengua mentirosa, las manos que derraman sangre inocente, un corazón donde hay imaginación perversa, pies que corren rápidamente al mal, testigo falso que habla mentiras y el que siembra discordia entre hermanos (Proverbios 6:16-19 RV).

Cuando no santificamos nuestra vida de pensamiento y esos pensamientos son contrarios a la Palabra de Dios y el corazón de Dios, esta es imaginación malvada. Dios odia eso. ¿Por qué? Porque nos dio una capacidad creativa. Nos dio una herramienta dentro de nosotros llamada imaginación. Si aprendemos a santi-ficar, a apresarla y a utilizarla para el propósito que Dios manda, podríamos cambiar el mundo que nos rodea. Podríamos cam-biar todo en nuestra vida. Podemos influir y cambiar nuestras ciudades y nuestras naciones.

Os daré un ejemplo del otro lado de este principio de "en lo que os concentráis, os conectareis, y la activación se lleva a cabo.

Un pastor en Australia tenía una familia joven que creció en su iglesia. El hijo de esta familia era un chico normal hasta que se metió en la escuela secundaria. Algo comenzó a cambiar en lo que causó preocupación. En su clase de historia, comenzó a estudiar la historia de la Segunda Guerra Mundial, Alemania y el ascenso del Tercer Reich. Se quedó fascinado con Adolf Hitler. Quedó tan fascinado con él que él salió y compró un cartel de él, al cual colgó en su habitación.

Su admiración desembocaron en una idolatría, dado que el pasaría tiempo simplemente contemplando la imagen de este hombre que había capturado a su imaginación. Una mañana de domingo fue a la iglesia, y todos notaron que era diferente. Había cambiado su actitud, sus ropas eran diferentes, había cam-biado su actitud y había afeitado todo su pelo. Durante el men-saje que el pastor estaba hablando, se paró y caminó hacia el pastor, hablando y maldiciendo en alemán con fluidez. Curiosa-mente, nunca había aprendido Alemán.

El pastor tuvo la presencia de mente para decir "ato esa cosa en nombre de Jesús. Ahora, háblame en inglés; ¿Quién eres?"

El demonio respondió: "Yo soy uno de los 6.000 demonios que estaban en Adolf Hitler".

Esa mañana tuvieron un servicio de liberación y emitieron esa legión de demonios de ese joven, y él fue puesto en liber-tad. ¿Qué pasó exactamente que abrió la puerta para este joven para ser demonizado? En su adulación a esta figura histórica, se quedó transfigurado con él. Aquello en lo que se concentró, se conectó y la activación ocurrió; en este caso, llegó a ser poseído.

En lo que nos enfocamos, nos conectaremos. Ponga eso en su corazón. En lo que sea que se concentre, algo se va a impartir, y la activación se llevará a cabo.

¿Por qué no concentrarse en El? Establecer su afecto en las cosas de arriba.

CAPITULO CINCO

Caminando lo Dicho

Y o solía estar tan confundido acerca de cómo caminar este camino cristiano, constantemente suplicando al Señor que me dé comprensión para que así yo pudiera ser como la Palabra de Dios dijo que yo seria. Si se estudian las escrituras, se encuentra que el Señor realmente comparte con nosotros lo que deberíamos pensar y lo que no deberíamos pensar. Se itera y nos dice qué hablar y qué no hablar. Jesús comparte con nosotros cómo debemos orar y no orar. Afecta a todo el espectro de la experiencia humana y nos da indicaciones para todo, pero nos mantenemos en la confusión, suplicando continuamente con El sobre cómo hacer de nuestro caminar cristiano. Lea la Biblia; le dice. Todo lo que sea verdadero, todo lo digno, todo lo justo, todo lo amable, todo lo honorable, si hay alguna virtud o algo que merece elogio, en esto meditad. (Filipenses 4: 8)

La palabra es Nuestra Fuente

Demasiado a menudo, concentramos nuestra atención en cosas que no deberíamos y descuidamos aquellas cosas que deben tener nuestro enfoque y atención. Lo que estoy diciendo es el puente entre lo natural y lo sobrenatural es una imaginación santificada. Al correctamente enmarcar fotos en mi imaginación del Reino de Dios, finalmente conectará con el Reino, y mis ojos se abrirán. He pasado por este proceso de enmarcar fotos santificadas hasta que se llevó a cabo la activación y mis ojos se abrieron. Lo vi tan claramente como veo a nadie más. Siempre tenemos que volver a la norma de la palabra. Siempre. Lo que estoy tratando de llevarle a usted ahora es a algo que se enseña claramente en la palabra. Así es cómo funciona, cómo nos conectamos; así es cómo trabaja. Si ponemos la palabra de Dios a la práctica en nuestras vidas, algo sucede.

Comenzamos con la palabra y terminamos con la palabra. Entre medio practicamos la palabra y Dios nos lleva a un lugar de destino y a nuestra herencia. Su derecho de nacimiento es ver! Eso se le ha dado a usted por el sacrificio de Jesús. Según la palabra de Dios, si ha nacido de nuevo, usted tiene el derecho, la capacidad y el privilegio para ver en el Reino del Espíritu con su físico, así como sus ojos espirituales. Lo que voy a compartir son algunas de las herramientas y la revelación de que Dios ha dado en este viaje de descubrimiento. Esto me tomó años para dilucidar como revelación lo que se recibió de línea sobre línea, precepto tras precepto, aquí un poco y allí un poco. La buena noticia es, no tiene que ser así para todo el mundo. Hay una aceleración que está aconteciendo ahora. Lo que una vez llevó años sólo lleva días ahora a medida que nos acercamos rápido al final de la edad.

Porque todo el que toma solo leche, es inexperto en la palabra de justicia: porque él es un bebé. Pero el alimento fuerte pertenece a los que han alcanzado madurez, incluso aquellos que por razón de uso tienen los sentidos ejercitados para discernir el bien y el mal (Hebreos 5; 13-14 RV).

Ese ejercicio de palabra literalmente significa "práctica". Practicaban utilizando sus sentidos espirituales hasta que fueron capaces de discernir acertadamente tanto el bien y el mal. ¿Cuáles son nuestros sentidos? Tacto, gusto, olfato, vista, oído, nuestra imaginación santificada y nuestra mente lógica y razonamiento. ¿Cómo practicar y ejercer? Hemos preguntado antes--¿cuántos de ustedes han sentido la unción? Sus sentidos estaban conectados con un fenómeno sobrenatural. ¿Cuántos de nosotros hemos entrado en una habitación y un par de personas acaban de tener una discusión y no lo oye pero *siente* que lo hicieron. ¿Cómo sucedió? Había una atmósfera creada, sintió usted un fenómeno espiritual con los sentidos naturales. Puede y debe ser la Norma para un Cristiano.

¿Cuántos de ustedes han estado en una reunión donde han olido la dulce fragancia de una rosa cuando saben que no hay ningún estímulo natural para tal aroma? Es hermoso. ¿Cómo es que usted hace eso? Es un fenómeno sobrenatural, pero está activando un sentido natural.

Tocando a Ángeles

Tengo un conocido a quien he llegado a respetar enormemente. Cuando primero había escuchado sobre él, me pregunté si él era Nueva Era. Pablo era un pastor Bautista estadounidense que, en 1989, según su teología al tiempo, creía que no existía tal cosa como curación, demonios, infierno ni nada de eso. Un día alguien que estaba endemoniado entró en su iglesia, y se enfrentó cara a cara con algo que no debía de ser. El Señor comenzó a enseñarle acerca de la realidad del Reino del Espíritu, y él comenzó a pasar por un proceso de descubrimiento. Empezó a presionar en la palabra de Dios para saber cómo tratar a las personas que fueron demonizadas, y Dios comenzó a darle revelación.

Pablo comenzó a operar en la forma que no era en ver, oler o audición; fue por el tacto. Podía sentir la unción, lo Angélico, maldiciones y lo demoníaco porque Dios así fue que afino su sentido del tacto que él literalmente podría interactuar con lo sobrenatural extendiendo su mano y tocando a ese reino.

La primera vez que nos conocimos estábamos ministrando juntos en Minneapolis. Yo decidí esa mañana de ir a su taller y ver lo que él era, porque había oído de la manera poderosa en la que el Señor lo usó. Queriendo ser discreto y sólo observar, me senté en la parte trasera de la sala.

Empezó con la pregunta "Cuántos de ustedes han sentido alguna vez un ángel?" Nadie contestó, así que él pidió un voluntario. Una joven se le acercó y le dijo que extienda su mano. Le dijo si ella era diestra que usara su mano izquierda, y si era zurda que usara su mano derecha, el principio de que la fuerza de Dios es hecha perfecta en la debilidad. Él dijo que había un ángel junto a ellos. Yo estaba mirando y le vi tocando l espalda del ángel mientras el ángel me estaba mirando. Dios estaba hablándome, diciéndome que esto era tan válido como el don de ver. Pablo continuó y explicaba lo que sentía, yo podía ver la actividad angelical y el nunca fallo. Él señaló y toco a los ángeles alrededor de la habitación, y vi como lo hizo; fue increíble. Me lancé a un nuevo Reino de revelación. Después de eso, comencé a realizar mi sentido del tacto y practicar con eso igual que como lo hice con mi habilidad de ver.

Nos fuimos a cenar esa noche, y hablamos sobre su comprensión y su capacidad para "tocar". De repente me dijo: "sentiste eso?" Miré alrededor y ni viendo ni sintiendo nada, le dije que no. Parecía sorprendido. El Señor me dijo que mirara en mi reloj. Estábamos a cinco millas de la Conferencia, y en ese preciso momento el sintió algo en el Espíritu, la adoración había empezado en la Conferencia! Yo estaba asombrado.

Nosotros deberíamos estar tan en sintonía con el Reino del Espíritu que esta es la norma. No sólo ver, oír y saborear, sino tocando. Tenemos sentidos espirituales, pero nosotros no los ejercemos como deberíamos. La mente humana en las manos de Dios es un instrumento muy poderoso. Es un guardián de la puerta al Reino del Espíritu.

Nada es imposible

Y a vosotros también, que erais en otro tiempo alienados y enemigos por medio de la mente (imaginación) haciendo malas obras, ahora os ha reconciliado (Colosenses 1:21)

Siempre hemos leído como "enemigos en tu mente", pero no—es la imaginación. Puedes ser el enemigo de Dios en tu imaginación porque nunca la has aprovechado y utilizado para su debido propósito. Es una herramienta creativa en las manos de Dios. Si cede esa herramienta y la santifica, una entera nueva arena de posibilidad se abre para usted.

¿Por qué cree que tantas ideas creativas están siendo soltadas a los creyentes en esta generación? Él está abriendo nuestra comprensión a la verdad de la palabra, y cuando nosotros santificamos nuestra imaginación el Señor puede comenzar a depositar en nosotros la revelación desde el Trono de Dios que podemos activar en este reino natural. Cuando lo haga, va a cambiar la forma en que vivimos, la forma en que pensamos y la forma en que vemos las cosas. Esta es la posibilidad de Dios para cada uno de nosotros.

Puede ser tanto humorístico como triste cuando los creyentes con desenvoltura citan la palabra de Dios sin entender. He escuchado a muchos decir, "Tengo la mente de Cristo". Mientras que esto es una verdad de las escrituras, quiero gritar, "en serio? Empieza a usarla". Escuchamos otros proclamando, "Yo puedo hacer todas las cosas en Cristo que me fortalece." Bueno, levante su bendita seguridad y haga algo! A veces podemos ser demasiado falsos (insinceros) sobre la cotización de la palabra, hinchando el pecho como si hemos hecho algo profundo. Otra vez, caminar en la palabra es más que estar citando la palabra como si es una fórmula de conjuro (invocación de espíritus) que hará que por arte de magia de un resultado deseado. La fe sin obras es muerta! Podemos citar las escrituras durante todo el día, pero si no nos ponemos para eso cuero de zapatos el resultado final será el mismo.

Quiero dejar aquí un descargo de responsabilidad: Creo en la memorización de las escrituras y citando la palabra de Dios. Lo hago con frecuencia. No intento minimizar eso. Lo que quiero que entendamos es que tenemos que hacer más que sólo citar las escrituras. Debemos aplicar la palabra en lo que hablamos, lo que pensamos y lo que hacemos. En ese momento, se convierte en realidad en nosotros y a través de nosotros.

Si tengo la mente de Cristo, nada es imposible. Cuando Dios lo hizo a usted, tuvo una razón para su mente. (Imagínese eso!) A veces la soberanía de Dios le abre el Reino del Espíritu a usted, y es totalmente espontáneo. Gracias a Dios por esos momentos porque ellos dan luz a un hambre en nosotros.

Jesús dijo, *"Amarás al Señor tu Dios con todo tu corazón, con toda tu alma y con toda tu mente"* (Matthew 22:37).

Imaginación. Dianoya. Este es el primer y gran mandamiento. El primer mandamiento con promesa es amar al Señor tu Dios con toda tu imaginación. ¿Cómo hago eso? La santifico y la someto a su uso previsto.

Lucas 12:29 dice, *"no buscar lo que debéis comer o lo que usted debe tomar, ni tener una mente ansiosa* (imaginación)." ¿Cómo definir una imaginación ansiosa? Cuando siempre estoy viendo derrota en vez de victoria, cuando siempre busco falta en lugar de abundancia, cuando siempre estoy viendo enfermedad en lugar de salud y la curación, yo tengo una imaginación ansiosa.

Cuando leemos periódicos y libros—tanto ficción y no ficción—fotos están enmarcadas en nuestra imaginación. De la misma manera, cuando leemos la Biblia es automático que empezamos a enmarcar fotos en nuestra imaginación sobre lo que estamos leyendo. Debemos aprender a enmarcar las imágenes correctas dentro de nuestra imaginación en todo momento.

Y Él os dio vida a vosotros, que estabais muertos en delitos y pecados, en los cuales fuisteis según el curso de este mundo, según el príncipe de la potestad del aire, el espíritu que ahora trabaja en los hijos de desobediencia, entre los cuales también todos nosotros vivimos en otro tiempo haciendo los deseos de nuestra carne, satisfaciendo la voluntad de la carne y de la mente (imaginación) y por naturaleza éramos los hijos de la ira, al igual que los otros (Efesios 2:1-3).

Una vez que estamos redimidos, si continuamos permitiendo que nuestra imaginación revisite y pensando en todo lo que es impuro y contrario a las Escritura, una vez más cumplimos los deseos de la imaginación y entramos bajo la maldición de los niños que son víctimas de la cólera. ¿Entiende que cuando tenemos una imaginación no santificada y permitimos que vague a cualquier parte que quiere ir, nosotros estamos coqueteando con convertirnos en hijos de ira? Tenemos que ser cautelosos para no estar en el lugar equivocado, aparte de la santidad y pureza. Debemos aprender a aprovechar este principio de la imaginación santificada para poder avanzar en la plenitud de la promesa de su palabra.

Por lo tanto, Ceñid los lomos de vuestro entendimiento (imaginación), Sed sobrios y descansar su esperanza completamente en la gracia que debe ser traída a usted en la revelación de Jesucristo (1 Pedro 1:13).

Ceñid los lomos de vuestra imaginación—santificadla, ponedla para uso en el modo que Dios manda—luego podéis descansar vuestra esperanza completamente en la gracia que debe ser traída a usted en la revelación de Jesucristo. ¿Cómo va a conseguir la revelación? Santifique la imaginación. La otra forma es cuando se nos dice que nos acerquemos a Dios, ante su trono de la gracia y entremos en la presencia de la gracia. Si empieza a practicar a acercarse al Señor y los ojos de su imaginación y su entendimiento, espontaneidad va a suceder más a menudo.

Ejercicio

Si alguna vez han oído hablar o leído sobre el Hermano Lawrence en Practicando la presencia de Dios, encontrarían que esto es exactamente lo que él practicaba. Él establecería su corazón y su mente continuamente en El Altísimo durante todo el día. En lo que sea que él estaba haciendo, su corazón y su mente se concentraban en Jesús. Dijo cuándo primero empiezan a poner esto en práctica, no se desanimen cuando su mente divaga; es rebelde e indisciplinada. Dijo que él no se desanimó o abatió durante el proceso de esta disciplina; Sólo traía su mente otra vez a centrarse en el Señor. A veces durante sus primeros años de practicar la presencia de Dios, su mente vagaría por 15 o 20 minutos cada vez, y cada vez él se atrapó a sí mismo permitiéndolo, y llevaría una vez más sus pensamientos a Dios y le daría las gracias por Su continua gracia en disciplinar su vida de pensamiento.

No se desaliente que no es competente; la práctica hace competente. Muy pronto, su vida de pensamiento comienza a transformarse. Después de un tiempo, el Hermano Lawrence comenzó a caminar en la revelación profunda e intimidad con el Señor y los líderes de su día vendría a él por consejo, para conocimiento de la Palabra de Dios y para entender sobre quién es Dios. Estaba desarrollando tal intimidad que se divulgó que el Hermano Lawrence conocía a Dios cara a cara, como amigo, como lo hizo Moisés.

¿Cómo le gustaría ser conocido como la persona en su región quien conoce a Dios cara a cara? La iglesia en esta temporada va a ser conocida como el pueblo que conoce a Dios cara a cara.

Finalmente se llega al lugar donde cada vez que viene delante de Jehová usted literalmente estará allí ante su trono. ¿Cómo? Por causa de uso—ejercitando sus sentidos. Hay un viejo dicho en cuanto a la palabra de Dios, que básicamente dice que si ha estado allí una vez, usted tiene acceso otra vez. Cuando enseñamos este curso, específicamente hago que los individuos asistiendo que comiencen a participar del Reino del Espíritu estampando su corazón y la imaginación en Dios. La mayoría de las veces que hay una liberación divina y la gente comienzan a tener visiones. Algunas personas ni siquiera han tenido una experiencia del tercer cielo. A propósito yo los interrumpo y digo, "Para! Ahora abre los ojos".

Generalmente me miran en desconcierto o molestia porque ellos finalmente han participado en lo sobrenatural de la manera que siempre han querido y yo los hago parar! El objetivo del ejercicio es demostrarles que pueden reactivar y volver a acceder al reino eterno. No hay tiempo en ese reino. No es inaudito tener una experiencia de despliegue en el transcurso de muchos días e incluso, a veces, durante toda la vida.

Es importante entender la "razón de uso". Tenemos nuestros sentidos ejercitados por el uso. El hombre renovado refleja la realidad del Reino de Dios, y se establece un puente. Si vamos a interactuar con el Reino del Espíritu en una base continua, en algún momento de nuestra experiencia Cristiana, vamos a tener que ver. Algunos dicen, "espera un momento. He estado interactuando con el Reino del Espíritu mediante la oración y predicación y así sucesivamente." Hablo de un nivel diferente de madurez en Cristo, de la activación en el destino que usted tiene. Lo que Dios está haciendo hoy en día es que nos permite interactuar con el Reino del espíritu, a diferencia de cualquier otra generación anterior. Ha habido hombres y mujeres a lo largo de la historia que han pagado el precio y presionaron para entrar a este lugar de intimidad con Dios. Nunca ha habido una generación de creyentes, un cuerpo corporativo que haya tomado esta revelación y caminado en ella.

¿Qué ocurrirá cuando el pueblo de Dios comienza a caminar en la plenitud de esta revelación y comenzamos a modelar al cielo en la tierra? ¿Qué pasará cuando empezamos a interactuar y a caminar en dos reinos simultáneamente como maduros hijos e hijas de Dios? El mundo nunca ha visto nada parecido.

Embajadores de Cristo

Hay embajadores extranjeros a Estados Unidos en quienes Estados Unidos está poniéndose un poco desanimado y desalentado, porque el costo de apoyarlos se está convirtiendo en una carga para esta nación. Esta el costo de vivienda, la cobertura dental y médica, transporte, los diversos miembros del personal que requiere cada embajada, así como un anfitrión de otros gastos. ¿Es esta la verdad?

No, no es. Cuando un embajador extranjero entra en el recinto donde está su embajada, en efecto han dado un paso en su propio suelo-que están en la propiedad soberana de su propia nación. No sólo eso, el país anfitrión no es compatible con cualquier embajador extranjero, ni pagan cualquiera de la sobrecarga o mantenimiento de sus embajadas. El gobierno de quien la representa cubre y paga todos los gastos que se incurran por cada embajada en cada país donde tienen presencia. Hay momentos cuando cada embajador está permitido volver a casa como vacaciones y visitar a sus amigos y familiares. Porque tiene un pasaporte diplomático, no tiene que ir a través de los chequeos que los titulares de pasaportes regulares tienen que soportar.

Sin embargo, somos embajadores en nombre de Jesús el Mesías! Nuestra fuente de abastecimiento no es de este mundo. El Soberano que representamos y Su Reino soportan el peso de nuestro apoyo! El provee todas nuestras necesidades conforme a sus riquezas en Gloria (ver Filipenses 4:19). Tenemos un pasaporte diplomático, como era, porque somos embajadores. Es el Señor quien abre todas las puertas que yo debía atravesar y cierra todas las puertas que no debo. Por cierto, como un creyente de Jesucristo, quien tiene ciudadanía en el cielo, puedo ir a casa con permiso de vez en cuando y visitar. ¿Dónde está eso en la Palabra?

Yo conozco a un hombre en Cristo quien catorce años atrás—si en el cuerpo no sé, o fuera del cuerpo no sé, Dios sabe—el cual fue arrebatado hasta el tercer cielo... Y oyó palabras inefables, que no es legal para que un hombre deba pronunciar (2 Corintios 12:2-4)

En Juan 14:12 Jesús dijo las obras que Yo hago el hará también, y mayores obras que éstas hará porque Yo voy al Padre. También estamos sentados junto a El ahora en los lugares celestiales. Primer John 4:17 dice: *"..como Él es, así somos nosotros en este mundo."*

Hay muchos pasajes de las escrituras que podríamos ver en que permitiría identificar quiénes somos y lo que nos pertenece ahora, pero lo que he compartido debe ser suficiente. ¿Dónde está El? Él está allí. Eso significa que lo que está haciendo ahí— intercediendo, preparando un lugar e interactuando con ese reino—yo lo puedo hacer. Esa es la palabra de Dios. Si nunca lo ha oído antes, entonces eso es bueno, está en el lugar correcto. Estoy aquí para provocarle. Salga de la caja que hemos creado para nosotros mismos con la religión y tradición; entre en la Palabra y deje que Dios sople vida.

Empujando

Uno de los principales obstáculos a vencer es éste: La mayoría de la gente sólo puede centrarse en cualquier cosa no más de 12 o 13 segundos en un momento antes de que su mente comience a vagar. Si no se lo crees, inténtelo. Ahora, cierre los ojos, encuadre una imagen de Jesús y enfoque. Vea cuánto tiempo puede quedarse con ese enfoque.

Debemos tener disciplina, y crecemos en la disciplina cuando seguimos a la práctica. Muy pronto la mente dice, "muy bien, es más fácil no combatirlo; vamos a hacerlo." Enfoque es un verdadero problema. El concepto de la mente ayudando al espíritu es muy importante. Cuando adora u ora, debe concentrarse su mente en el Señor y las cosas del Espíritu. Una vez establecido ese flujo—una vez que ha practicado lo suficiente como para permitir que esto se haga operativo en su vida—recibe el flujo inspirador. Esto es cómo la mente (imaginación) se utiliza para ayudarle a conectarse con el Reino del Espíritu—construye el puente.

Tengo un querido amigo que vive en Florida ahora quien a menudo seria visitado por ministros proféticos. Él dijo que cada vez que uno de ellos llegó a su casa, que gravitarían hacia la misma esquina, y se sentaban diciendo: "Hay un portal abierto aquí". Simplemente se sentaban allí y meditaban en el Señor. ¿Tenían visiones y recibían revelación constantemente.

Le pedí a mi amigo que si pudiera venir y experimentar esto mismo cielo abierto. Cuando él dijo que sí, vine y me senté en la misma silla como estos hombres experimentados de Dios habían hecho. Al principio cuando me estaba centrando mi mente y mi corazón en el Señor tenía dificultad para concentrarme y quedarme quieto, pero persevere. Creo que si esos hombres proféticos de Dios dijeron que había algo, yo me quedo aquí hasta que me conecte con el Señor!

Mi amigo sólo se reiría de mí y diría, "adelante, te dejaré solo." Me senté allí durante más de una hora diciéndole a mi mente que se mantenga centrada, cuando de repente empecé a ver una luz. Era inusual para mí en el tiempo, así que abrí y cerré los ojos para "limpiar los bancos de datos" y asegurarme de que no era sólo yo. Cuando cerré mis ojos todavía estaba viendo otra vez lo mismo; era la exacta misma imagen.

Pensé: "Bueno, estoy empezando a conectar algo; Voy a empujar a través". Mientras continuaba enfocando mi corazón y mi mente en el Señor, esta luz quedo más brillante y más brillante hasta que era lo que parecía ser velos empezando a ser despojado. Finalmente, pude ver algo. Era como si estuviera en un bosque mirando a través de las ramas en un prado soleado abierto.

De repente, recibí la sorpresa de mi vida! Me esforcé enfocando a través del "bosque" y me quedé en una llanura con vistas a la ciudad de Dios. Estaba en la absoluta admiración, no sólo en lo que estaba viendo, sino en cómo se llevó a cabo este proceso.

Me levanté de la silla y camine alrededor, pensando que puede haber sido una casualidad o solo mi imaginación en el trabajo porque quería experimentar al Señor. Después de algún tiempo fui y me senté otra vez. ¿Recuerda la declaración que hice? Si ha estado allí una vez, usted tiene acceso otra vez. Esta vez, no tomó una hora de presionar a través de los velos de la carne y la razón; Al instante vi otra vez la misma visión.

Pensé para mis adentros, "En el Reino natural, si estoy en un espacio amplio como éste, tengo la habilidad para ver alrededor mío en 360 grados." Así que empecé a mirar alrededor y descubrí que era capaz de entablar con ese Reino en más de 360 grados. Fue asombroso.

Me levanté y anduve por ahí otra vez, tratando de darle sentido a lo que estaba experimentando. Seguí a través de esta misma rutina durante una semana, preguntándome si realmente estaba sucediendo o si era sólo yo. Cada vez que me sentaba nuevamente en esa silla, entraba de vuelta en ese vasto espacio abierto, que ahora sé que es el paraíso, mirando hacia la ciudad de Dios.

Pensé: "Señor, estoy experimentando algo, pero tienes que mostrarme dónde esto está en Tu Palabra". Una experiencia sin fundamento bíblico es un engaño a punto de surgir. Muchas personas salen con estas experiencias profundas que no se basan en la sólida palabra de Dios. Todas estas experiencias deben verse con cautela y discernimiento. Mejor aún, si usted sólo se toma su tiempo, medita en él, y entra en la Palabra de Dios, puede probar o refutar si es real o no. Eso es sabiduría.

Yo también voy a decir esto: el hombre con la experiencia no está nunca a merced del hombre con la teología. Puede decirme que las experiencias sobrenaturales y de la revelación del tercer cielo como estoy describiendo no son bíblicas o no son para hoy. Mi respuesta es simple: No sólo son tales experiencias bíblicas y para hoy, la Palabra de Dios está repleta de ejemplos de otros teniendo experiencias similares. Literalmente he estado allí, hecho eso y tengo la palabra para probarlo!

Seguí en búsqueda en las Escrituras y ore al Señor para que siga dándome visión de lo que la Biblia tiene que decir al respecto. Seguí practicando, y ahí fue cuando me llevó a Génesis 28 en respeto a la ley de primera mención. Nosotros no somos otros más que la casa de Dios y la puerta del Cielo (ver Génesis 28: 17). Podemos ver a los Ángeles de Dios ascendiendo y descendiendo, y podemos *hablar con él cara a cara*.

¿Entonces qué es lo que nubla nuestra perspectiva y bloquea nuestra vista? Carne, orgullo, un espíritu religioso, incredulidad—podemos ir abajo en la lista. Hay veces cuando el Señor comienza a mostrar cosas que no deben compartirse con nadie; son personales. Por otro lado, cuando comunica, generalmente será en beneficio de otros, y así también suyo.

Comunicando Su Palabra

Hay un profeta que es bien conocido en los Estados Unidos que ha desarrollado su propio "lenguaje" con Dios, que es válido. Una de las maneras que sabe los dones de un individuo cuando se acercan para recibir la oración es bastante singular—si usted es un apóstol, el pulgar de él se sacudió. Si usted es un profeta, se sacudió su dedo índice. Otros dedos significan diferentes cosas, pero cuando lo oye decir, "mi dedo índice está Crispando; Tú eres un profeta, "inmediatamente pensará, ¿qué cosa es esto?

Mi hermana escuchó algo así y pensó que era de Nueva Era, pero le dije que no, eso es sólo una falta de comunicación. El "lenguaje" que él ha desarrollado con el Señor es un idioma válido. Entended, Dios dice, "esto es cómo va a saber cuándo hay alguien delante de usted que tiene una cierta vocación. Esta es nuestra lengua". En lugar de decir: "mi dedo está crispando." podría decir, "el Señor me está hablando, y esto es lo que está diciendo. Tiene una vocación de Dios en su vida, y esto es lo que es."

Él tiene un lenguaje válido; Sin embargo, se debe presentar de una manera tal para que la gente no se moleste, pero más bien que sean capaces de aceptar el mensaje como era intencionado. Yo podría mirarle y decirle, "usted tiene un ángel detrás suyo haciendo esto, eso y lo otro." Pero, ¿por qué no le digo de lo que Dios está diciendo? Es sólo tan válido pero más presentable, y la gente puede recibirlo en lugar de esas otras cosas espirituales espeluznante. Dado que visiones son lengua, debemos ser capaces de comunicar la verdad y la revelación que el Señor nos presenta de una manera aceptable para que otros puedan ser capaces de recibir información y ser bendecidos.

Para activar, pídale al Espíritu Santo que le ayude a marcar una imagen y empiece allí. A medida que practica, claridad viene porque la activación se lleva a cabo en medio de la práctica, y entonces sus ojos se abrirán para verlo claramente. Todos tenemos nuestro propio lugar para empezar porque todos nosotros tenemos un lenguaje único con el Señor que hemos desarrollado con los años, así que cada uno de nosotros va a tener un panorama distinto para empezar. ¿Eso significa que no es válido? No. Nuestras ideas individuales de lo que se parece la imagen de Jesús son sólo un válido punto de partida tal como lo que otro pueda concebir a lo que Él se parece. No se preocupe acerca de cómo iniciar con la imagen perfecta para comenzar.

Recuerde—foco, conexión, activación.

Mirando en el Espejo

Comenzamos aplicando la sangre de Jesús. Nada contrario a la palabra, el corazón y la voluntad del Padre puede cruzar la línea de sangre. Yo creo en el poder de Dios. Cada voz que no es de Dios será silenciada. Tengo que confiar y creer que mi Padre en el Cielo, quien dice que esta es mi herencia y destino, me bendecirá, porque según las escrituras si le pido un pez no va a darme una piedra. Tengo que confiar en El.

Estamos en un lugar ahora que es saludable, porque el Padre se deleita en darle el Reino a sus hijos. Como sus hijos, le pedimos y comienza a funcionar en lo que nos pertenece (lo que Él dice es nuestro en la palabra). Él está contento y emocionado por nosotros, al igual que un Padre terrenal está emocionado por sus hijos cuando comienzan a descubrir lo que les ha proporcionado.

Enfoque es el verdadero problema. El concepto de la mente ayudando al espíritu es muy importante. Cuando adora y ora, debe concentrar su mente en el Señor y las cosas del Espíritu. Josué 3:5 dice: "Santificaos". ¿Quién se supone que haga esto? ¡Es usted! Usted debe santificarse! Parte de esa santificación es nuestros procesos de pensamiento—nuestra mente, voluntad y emociones. Nuestra mente también incluye nuestra imaginación.

Debemos santificar nuestras mentes Aquí hay una clave mayor:

Os ruego por lo tanto, hermanos, por las misericordias de Dios, que presentéis vuestros cuerpos (incorporado en vuestros cuerpos están todos vuestros sentidos) un sacrificio vivo, Santo, aceptable a Dios, que es vuestro culto racional. Y no os conforméis a este mundo, sino transformaos mediante la renovación de vuestra mente, para que comprobéis cual sea la Buena y agradable y perfecta voluntad de Dios (Romanos 12:1-2)

La palabra usada en Romanos 12:2 para *transformado* es idéntica a la palabra usada en Marcos 9:2 donde habla de Jesús siendo *transfigurado* delante de los discípulos. La palabra es meta morfo, significa ""ser transfigurado, transformar o cambiar la forma de uno. [1]

A medida que enmarco correctamente imagines del Reino de Dios en mi imaginación santificada—cuando miro en el espejo— veo a Cristo en mí y yo en Cristo, y comienza un proceso de Transfiguración. Me convierto conforme a la imagen de Cristo. Nuestro último destino es ser totalmente conformados a su imagen y semejanza. Es tu llamado en la vida ser convertido en su imagen. Transfigurado es la misma palabra utilizada cuando Jesús se transfiguro. Nosotros, también, podemos lograr transfiguración total a través de una imaginación renovada.

Lo bueno acerca de la promesa de Dios es que él no dice, "Yo sólo te llevare tan lejos y entonces no más". Cuando el Señor nos da más preciosas y grandísimas promesas, no es así para que sólo podamos probar y ver que Dios es bueno; es así para que podamos entrar en esa promesa y convertirnos en lo que él dice que somos. Cuando dice que podemos ser transformados o transfigurados por la renovación de nuestra imaginación, quiere decir exactamente lo que dice!

Notas Finales

1 James Strong, Concordancia exhaustiva de Strong, 3339

CAPITULO SEIS

El Cuerpo Viviente de Cristo

Tuve una cierta oración durante años, oraba, "Señor, quiero ser como Jesús; todos de Ti, nada de mí." Durante años fue el grito apasionado en mi corazón, y lo sigue siendo. Un día, yo estaba ministrando en Libby, Montana, y amablemente me invitaron a quedarme con una pareja que desde entonces se han convertido en amigos queridos. La señora de la casa es profundamente profética con un regalo que es inusual. Cuando el Señor habla con ella, siempre ha sido en todo color "películas" 3D como ella los llama.

La primera noche que los conocí me hospedaba en su casa, pero realmente no los conocía. Durante la reunión la primera noche, tenía una palabra profética para ella. Mientras yo estaba ministrándole a ella, el Señor habló a mi corazón y me mostró que ella tendría una palabra profética para mí en la mañana. Por supuesto, ella se preguntó qué es lo era tan divertido, así que tuve que decirle lo que el Señor le habló a mi corazón.

Cuando me levanté la mañana siguiente, dijo, "toma tu café y siéntate aquí". Me sorprendió un poco, habiendo olvidado lo que Jehová me había dicho la noche anterior, así que tomé mi café y me senté para conversar con ella. Cuando me acomodé, ella empezó a compartir conmigo lo que el Señor le había mostrado durante la noche respecto a mi vida.

Una de las palabras o visiones que tuvo fue—ella vio a Jesús y a mi caminando uno al lado del otro en el camino de la vida, cuando de repente yo desaparecí en el cuerpo de Jesús. Él continuó a corta distancia, y luego dio la vuelta y le sonrió. Ella dijo que era el rostro de Jesús que estaba viendo, pero tenía mis ojos.

Entonces Él se volvió y siguió a lo largo de la carretera. Después de un corto tiempo una vez más Él se dio vuelta y le sonrió a ella, pero esta vez ella me dijo que cuando Él sonrió ya no había ningún rastro de me; eran sus ojos ahora mirándole a ella hacia atrás. En otras palabras, era todo de Él y nada de mí.

"Eso tiene sentido?" preguntó. Compartí con ella como todas las noches cuando pongo mi cabeza sobre mi almohada, una de las oraciones que oraba antes de que me quedé dormido era, "todo de Ti y nada de mí, Señor Sólo quiero ser como Jesús."

Estaba excitado y bendecido de como el Señor reveló a través de su palabra profética que Él había escuchado mis plegarias y trabajaba aun entonces para traer a acontecer el deseo de mi corazón. Ahora tenía una imagen—un punto de enfoque para mi imaginación santificada! Yo veia lo que mi amiga había descrito cada vez que puse mi corazón y mi imaginación santificada en el Señor.

Todo de Él, Nada de Mi

Mi esposa y yo estuvimos ministrando en Belfast, Irlanda del norte, hace unos años, y pasó que era Rosh Hashaná, el Año Nuevo Judío, que generalmente cae en Septiembre u Octubre.

Durante los últimos nueve o más años, Rosh Hashaná ha sido una temporada de profunda claridad en lo sobrenatural para mí, porque he tenido visitaciones de Dios cada año durante ese tiempo. He tenido otras visitas y visiones durante todo el año, pero cuando me visita en el Año

Nuevo Judío Él ha estado hablando conmigo de cuando Él está liberando al Cuerpo de Cristo en esta temporada.

Esa noche en la adoración, vi a un ángel de 12 pies de pie sobre la plataforma soplando una trompeta larga, de oro. Yo me preguntaba qué iba a suceder, así que le pedí al Señor, "¿Qué estás diciendo?"

Él dijo, "Es Rosh Hashaná".

El momento en que Él dijo eso, inmediatamente por encima de la plataforma los cielos se abrieron, y la Gloria de Dios brillaba con tal resplandor que literalmente yo tenía que dar vuelta a mi cara. Sabía que no podía mirar a Su Gloria sin hacerle daño a mis ojos naturales; Sin embargo, cuando me volví vi la figura de Jesús de pie en la sala del Trono del Cielo y dijo: "Ven aquí".

Inmediatamente cada átomo de mi cuerpo comenzó a resonar como si estuviera vibrando a una frecuencia inimaginable, y estaba tomado con una gran emoción y asombro. Inmediatamente estaba postrado ante el trono de Dios en adoración y culto.

En cierto momento, finalmente pude levantarme y tomar cuenta de mi alrededor. Ahora tiene que entender, el Trono de Dios y el mar de cristal ante el Trono de Dios son vastos mas allá del entendimiento mortal. Tan lejos como el ojo puede ver (y puede ver muy lejos en ese reino) en cada dirección era tal la inmensidad ante su Trono que era hecha de una sustancia que se asemeja a cristal en su textura y transparencia. Su Trono...

¿Cómo describiría su Trono? Estaba formado de lo que parecía ser una sustancia sólida y al mismo tiempo se asemejó a una nube de gloria. Era tangible y etéreo. Esto puede sonar extraño, pero estaba adorando y cantando alabanzas ante Dios. Todo en ese Reino resuena a cierto nivel con las alabanzas de aquel que se sienta en el Trono.

El decir que todo era luz no le hace justicia a lo que viví. La mejor forma de describirlo es que hubo una ausencia de toda oscuridad—ni una sombra ni sombreado que indicaría oscuridad. No hay ninguna sensación de pesadez provocada por las preocupaciones de la vida como la conocemos aquí en la tierra. Fue el más convincente y deseable lugar donde alguien podría querer estar, y sin embargo, conozco que el Señor en su gracia me protegió de la plenitud de la luz, vida y gloria que deben ser experimentados allí porque Yo no habría sido capaz de soportar tal santidad, pureza y potencia mientras que aún en este cuerpo mortal.

Me puse de pie, y por alguna razón había sólo cerca de 400 personas paradas ante su Trono conmigo. Ellos eran compuestos de cada tribu, lengua y nación y representaban toda la humanidad. Miré hacia el Padre en el Trono y se dio cuenta que yo no era capaz de mirar Su rostro; pero, Él estaba envuelto en una nube de gloria, que yo sabía que era para nuestra protección.

Mientras que yo estaba mirando con admiración hacia su Trono, levantó su brazo derecho y extendió hacia el grupo un cetro. Fuera de su presencia (esta es la única manera que puedo describir la comunicación que experimenté) su voz dijo: "Te daré tu petición hasta mitad del Reino."

Tengo que explicarles que en el transcurso de mi vida he tenido muchas preguntas que he levantado delante de Jehová. Esa tarde tuve un número de solicitudes para presentar ante el Trono de la Gracia, buscando de Dios por conocimiento, sabiduría y dirección. Cuando me encontré en la sala del Trono del Cielo y el Padre estaba indicando que iba a conceder mi petición hasta mitad del Reino, algo extraordinario ocurrió. Todo lo que pensé que era importante para mí—cada petición y pregunta— desaparecieron.

Cuando el Señor extendió ese cetro y promesa, la única respuesta que salió de mi hombre interior fue, "Todo de ti y nada de mí; Sólo quiero ser como Jesús." Allí no hubo dudas, ni había cualquier consideración sobre mi lista de preguntas y peticiones.

Tres veces el Señor extendió su cetro, y tres veces, sin dudarlo un momento, mi respuesta fue, "Todo de Ti y nada de mí; Sólo quiero ser como Jesús."

Después de la tercera vez, al instante me di cuenta de mi alrededor una vez más en el servicio de adoración allí en Belfast. En ese momento, me di cuenta que podría haber tenido cualquier número de los deseos de mi corazón realizado en respuesta a la generosidad del Señor y no uno de esos pedidos "importante" ni siquiera vino a la mente!

Armas Espirituales

He obtenido un número de puntos de vista de esa experiencia. He aprendido en esta dispensación del tiempo que el Señor está llevando adelante una generación cuya única pasión será emular y ser como Jesús, quien era el hijo maduro de Dios. Vamos a ver a una generación aparecer en la madurez en esta hora.

Me di cuenta de lo que consideramos importantes a menudo no es en lo que el Padre esta apasionado. Debemos aprender a discernir lo que sus deseos son para nuestras vidas y seguirlos.

Si vamos a aprender a ser conducidos del espíritu, vamos a ver el cumplimiento de sus propósitos en nuestras vidas y en esta tierra. No hay nada de malo en tener peticiones y preguntas y buscarle por Sus respuestas. *Sin embargo, debemos, estar dispuestos a poner a un lado nuestros deseos y desear por los suyos.*

Entendí que la expresión "todo de Ti y nada de mí", tenía que ver con mi carácter. Conservaremos nuestra personalidad porque es lo único que nos hace nosotros, pero vamos a perder nuestra individualidad. Seremos como Cristo. Vamos a caminar en la autoridad del Reino. Interactuaremos con el Reino del Espíritu, y nos convertiremos en todo lo que Dios dice que somos.

Mientras estaba meditando sobre lo que había ocurrido, aún en la postura de adoración con mis manos levantadas en la adoración, de repente sentí un ardor en mi dedo anular derecho. Abrí mis ojos y miré a mi derecha y vi que Dios había puesto un anillo en mi dedo.

Debo insistir: lo que estaba experimentando era lo que el Señor estaba hablando y soltando al cuerpo de Cristo en su conjunto, no a mí individualmente. El anillo del sello habla de autoridad. Habla de una mayoría de edad en la familia a la que pertenece. Indica desde ese punto, que desde el momento ahora en que se tiene el privilegio de llevar el anillo, lo que se dice y hace tiene el respaldo de la casa a la cual el anillo pertenece. Habla de la madurez. Estamos pasando de una mentalidad "Dame" a una realidad "hazme". ¿Hazme qué? Hazme como Jesús, quien es el primogénito entre muchos hermanos.

No presentéis vuestros miembros como instrumentos de iniquidad al pecado, pero presentaros vosotros mismos a Dios como vivos de entre los muertos y los miembros como instrumentos de justicia a Dios (Romanos 6; 13).

Para ser literal, sus miembros—sus sentidos—deben ser cedidos a Dios como armas de la justicia. Porque nosotros no luchamos contra carne y sangre, debemos elegir a ceder nuestras capacidades espirituales, regalos y sentidos a Dios. Parte de ese rendimiento es nuestra imaginación santificada. Así, todos los días cuando se levanta, vaya a Romanos 6:13 y ore, "Señor, santifica mis ojos, y les presento a Ti como un instrumento de justicia. Santifica mis oídos, santifica mi lengua, santifica mi olfato, mi tacto, mi imaginación y mi lógico razonamiento mental. Padre, hoy los rindo a Ti como instrumentos de justicia.

Tú guardaras en perfecta paz, a aquel cuya mente es hospedada en ti: porque él confía en ti (Isaías 26: 3 KJV).

Esa palabra mente en hebreo es una palabra fascinante. Es la palabra hebrea yester, y significa, "que se forma en la imaginación".

Parafraseando a Isaías 26: 3, leemos: *"Lo mantendrás en perfecta paz, a quien cuya imaginación correctamente forma imágenes de Ti que reflejan confianza en ti".*

Hay una clara conexión entre la pureza de corazón y sensibilidad espiritual en las escrituras. Sabemos que la guerra que luchamos no se basa en armas carnales porque no tenemos un enemigo carnal. Nosotros no luchamos contra carne y sangre.

Porque las armas de nuestra milicia no son carnales, sino poderosas en Dios para derribar fortalezas echando abajo toda imaginación, y altivez contra el conocimiento de Dios y llevando cautivo todo pensamiento a la obediencia de Cristo. (2 Corintios 10:4-5 RVA).

Armas carnales no son poderosas en la economía del cielo. Incluso una explosión nuclear no es un arma poderosa cuando se trata de guerra espiritual. Las armas que tenemos son poderosas a través de Dios para derribar fortalezas. La clave de esta guerra se encuentra en la admonición dada para echar abajo la imaginación y todos los que se exalta a sí mismo contra el conocimiento de Dios.

Llave para Ver

El campo de batalla no es externo; sino que es interno. La lucha no es una lucha externa; es una lucha interna. Tiene que ver con la disciplina en su mente y vida de pensamiento y el alinear de la vida del pensamiento con la voluntad de Dios, los propósitos de Dios y la Palabra de Dios. Mateo 5:8 dice, *"Bienaventurados los limpios de corazón, porque ellos verán a Dios"*. La mayoría de nosotros tiende a volver la mirada a nuestro pasado y pensar en cómo pasamos "puros de corazón" hace años; Eso no sólo no es la verdad, no es bíblico. Si es nacido de nuevo y lavado en la sangre, no tiene pasado—tiene un corazón puro! Las cosas viejas pasaron y todas las cosas se han convertido en nuevas (ver 2 Corintios 5:17). Si he pecado, si hice algo contrario a la Palabra de Dios 10 minutos atrás pero he confesado y me he arrepentido de ese pecado, tengo un corazón puro. El calificador es la sangre de Jesús. Todos tenemos acceso a la sangre de Jesús a través de la Cruz y lo que El hizo por nosotros; por lo tanto, somos puros y lavados. Nuestros pecados se han convertido en blancos como la Lana.

Tiene corazón puro según la Palabra de Dios y el lavado de la sangre del Cordero, y usted está calificado; por lo tanto, puede ver. Una vez más, generalmente relegamos esto (Bienaventurados los limpios de corazón porque ellos verán a Dios) para cuando nos morimos; Eso no es lo que la palabra dice.

La palabra ver en este caso es la palabra griega optanomai, lo que significa, "a mirar con los ojos bien abiertos, como a algo extraordinario." Esta es la misma palabra griega de que derivamos a la palabra optometrista. Estamos poniendo en un lente o "lentes espirituales," que permite mirar con los ojos abiertos en algo que es notable. Déjeme decirle, cuando comenza a contemplar el Reino del Espíritu, es notable. "Bienaventurados los limpios de corazón (que lo es usted), porque que vera".

Nos muestra la relación entre tener un corazón puro y conocer a Dios. Queremos tener un corazón puro. No sólo veréis a Dios, pero seréis bendecidos porque ahora estáis sin mácula del mundo. Lo que tiene su atención captura su corazón. ¿Con lo que se concentra, con eso se conectará. Proverbios 22:11 dice *"el que ama la pureza de corazón y tiene gracia en sus labios, el rey será su amigo."* Y pureza de corazón trae una gracia a lo que sale de la boca, porque de la abundancia del corazón habla la boca, y el rey será su amigo.

Al hablar de conocer al Señor cara a cara y la aventura que he tenido en conocer al Señor, estoy procurando un desafío, al lector, de creer al Señor por todo lo que tiene para usted. Las experiencias que he tenido surgieron a través de una búsqueda apasionada de Dios. Fue a través de la oración, el ayuno y el estudio de su palabra. Yo comparto estas experiencias, así como las Escrituras para provocar y animarle con este simple hecho— esto le pertenece a cada creyente!

El fuego de su Presencia

Con esto en mente, permítanme compartir otra experiencia que tuve hace algunos años. Hubo un tiempo cuando yo estaba ministrando en una iglesia en Kirkland, Washington. Durante el servicio de adoración, comencé a escuchar lo que me pareció el APU de un avión encendiéndose encima el sonido de la adoración teniendo lugar. (Un APU es una unidad auxiliar de potencia utilizados en arranque de los motores de un avión como un Boeing 747). Tenía los ojos cerrados en el momento, y me preguntaba de dónde en el mundo ese ruido venía porque estábamos a kms del aeropuerto.

Cuando abrí los ojos, delante de mí en la plataforma había una columna de fuego—la presencia de Dios. Yo lo oí antes de verlo (dos sentidos).

Fue verdaderamente notable. Jamás había visto ni oído nada semejante. Por supuesto, había leído los relatos bíblicos de las andanzas del desierto y la columna de nube de día y te Pilar de fuego por la noche, pero nunca esperaba presenciar esta manifestación por mí mismo.

Contemplando este espectáculo con atención embelesada, preguntando lo que el Señor estaba tramando, vi a la derecha de esta columna de fuego de Jesús en el Trono. Mientras yo estaba parado sobrecogido con la mirada sobre El, Él se puso de pie. He sido bendecido durante años teniendo encuentros cara a cara con Jesús como Él se ha revelado en muchas facetas de su carácter: conocí a Jesús el Sanador, cuando vino y vertió un bálsamo curativo sobre mí en un momento muy difícil en mi vida; He conocido a Jesús el Consolador, que me consoló y me sostuvo a través de mi tribulación. He pasado muchas horas con Jesús mi mejor amigo. Esta noche, sin embargo, he descubierto una nueva faceta de su carácter. Esta noche conocí a Jesús el Rey de la Gloria—Jesús León de la tribu de Judá.

Se levantó y me miró fijamente a los ojos y dijo: "Diles!" En el momento que dijo eso el temor de Jehová vino sobre mí y pensaba que caería por muerto en ese lugar. Cada célula de mi cuerpo se estremeció con el temor de Dios.

Él continuó, "Diles que la taza de su intercesión está casi llena, y cuando esté llena, voy a comenzar a derramar en esta región lo que ellos han estado intercediendo por acuerdo con mi Espíritu." Esto fue una orden dada desde la boca del Señor; No fue una petición! No podía esperar hasta que el pastor me soltara para que yo pudiera hacer como me dijeron.

Seguí mirando la columna de fuego, ahí temblando con el temor del Señor, esperando que el servicio de adoración terminara para poder hacer como me dijeron. La presencia del Señor era tan tangible era como estar en un ambiente de miel caliente—tan espesa que era difícil moverse.

Dije a mi amigo John, "sube por la plataforma!"

El me preguntó, "Porque?"

Le dije a él, "la presencia del Señor está ahí."

Entonces subió a la plataforma, y cuando estuvo a menos de siete a diez pies de la columna de fuego al instante cayó bajo el poder de su presencia.

Me intrigaba ver y oír la manifestación sobrenatural de la columna de fuego y luego ver lo que el efecto era sobre un individuo en lo natural, así que le señale a otro amigo, Roy y le dijo: "Oye, vete allá; Dios está ahí!"

Roy es alguien apasionado y sediento de Dios, y se fue hacia la plataforma también. Otra vez he visto que cuando llegó dentro de siete a diez pies de la columna de fuego, también cayó bajo el poder de la presencia de Dios.

Seguía enviando a gente hacia la columna de fuego para experimentar a Dios de esta manera tangible cuando el pastor llegó hasta mí y dijo, "Cuando esté listo, pase adelante y comience a ministrar."

Me acerqué a la plataforma, no sé cómo era capaz de soportar. Había cuatro pasos hasta el púlpito, y era el más difícil y exigente viaje de mi vida! Cuando finalmente pude llegar al púlpito tenía que aguantar con todas mis fuerzas para que no cayera. En ese momento, estaba parado en la columna de fuego, la presencia manifiesta de Dios. Cada átomo de mi cuerpo era un zumbido o resonando como si una corriente de pura energía fluía a través de mí. Fue solo por Gracia que era capaz de proceder.

Cuando hablé, olas de unción y del poder eran veloces a través de mí y fluyeron de mí. Ese día he ganado un nuevo respeto y la comprensión de la potencia de Su presencia y el temor de Jehová. No estoy hablando de un temor carnal. El temor del Señor es una admiración, respeto y reverencia por El. Es un lugar de intimidad que nunca había experimentado hasta ese punto antes.

Estas experiencias drásticamente cambiaron mi vida y han ayudado en mi entendimiento de quién es. Ha ayudado a forma mi carácter y eso comienza con una pasión por El. Se trata mediante la aplicación de la palabra de Dios como ha sido relacionado en este libro. Este no es el ámbito de los pocos místicos que han alcanzado el pináculo de la madurez espiritual. Esto pertenece a todos los hijos de Dios!

Comenzar con un Corazón Puro

Cualquier dones que tenga van a quemarse o volar lejos, si va hacia arriba o hacia abajo. No necesitas sanación, profecía, fe, palabras de sabiduría, y así sucesivamente en el cielo. Esas herramientas y dones son para aquí. Aunque deberíamos, como dice la Biblia, con fervor y pasión desear los dones espirituales, lo más importante es el amor. El amor no es una cosa o un sentimiento; es una persona, y su nombre es Jesús. Sinceramente deseo de ser como El! Eso le va a cambiar su paradigma y le impulsará a la plenitud de sus promesas para su vida.

Si usted quiere ser amigo de Dios, tiene que amar la pureza de corazón. La palabra dice, *"... Como él es, así somos en este mundo"* (1 John 4:17). No como lo era, pero como es ahora. Él es amor.

Proverbios 23:26 dice: *"hijo mío, dame tu corazón y deja que tus ojos observen mis caminos"*. Primero tiene que darle su corazón, entonces veremos para observar sus caminos.

Cuando empezando en el Ministerio, solía orar, diciendo "Señor, yo quiero hacer esto; Señor, yo quiero hacer eso. Señor yo quiero ver los enfermos curados y almas salvadas". Dios te bendice hasta cierto punto, pero llega un momento en nuestra vida donde tenemos que decir, "Sabes qué, Dios? Estoy cansado de hacer lo que yo quiera; ¿Qué estás haciendo?"

Es mucho más fácil cuando usted comienza diciendo: "Padre, ¿qué haces hoy? Quiero ser parte de eso, "en lugar de decir, "Señor, ven bendíceme y lo que estoy haciendo hoy". Nuestra obediencia a Él debe ser un rendimiento diario y siguiendo el Espíritu de Dios para ese día. Pregunta, "Señor, cómo debo tomar un paso hoy? ¿Qué hacemos hoy?"

Percepción espiritual comienza con un corazón puro. La pregunta es, ¿qué es el corazón? El corazón se conecta con el espíritu y el alma. El corazón es muy difícil de definir. Podemos definir el corazón como la mente (la imaginación y la Facultad de razonamiento, lógica), voluntad y emociones. Todo usted mira, oye o ve es quemado en el disco duro de su mente y comienza a formar quién es usted. ¿Qué pasa cuando no identificamos a lo que está bien, lo que está mal, sobre lo qué debemos pensar y lo que tenemos que hablar para que no terminemos con una mezcla? Como he dicho antes, las situaciones de crisis no forman carácter—revelan carácter. Carácter se forma en aquellos tiempos solos con Dios cuando se hace lo que dice la palabra y se concentra en lo que Dios está llamando a hacer. Entonces cuando viene crisis, eso que se ha depositado en usted sale.

Así que todo lo que miramos y vemos—todo lo que viene en el ámbito de nuestros sentidos—puede ser quemado en el disco duro de nuestra mente. Es por ello que es importante para el hombre o mujer de Dios que desea avanzar en Dios, el santificar sus ojos, sus oídos y su mente. Debemos tener cuidado de lo que permitimos en nuestra vida. Asumiendo la responsabilidad de nuestra vida de pensamiento mediante la aplicación de los principios de la Palabra nos sensibilizara al Reino del Espíritu. Sin la aplicación del principio de santificación de la vida de nuestro pensamiento, continuaremos de manera fortuita en nuestro progreso espiritual.

"Yo he puesto al Señor siempre delante de mí..." (Salmo 16:8). En otras palabras, manténgalo a la vanguardia de su mente, manténgalo a la vanguardia en su corazón y ajuste su enfoque en Dios constantemente.

Pero todos, con rostro descubierto, contemplando como en un espejo la gloria del Señor, estamos siendo transformados en la misma imagen de gloria en gloria, como por el Espíritu, el Señor (2 Corintios 3:18).

Esto no es en caso que o una promesa de tal vez; es una declaración. Usted cambiará mientras se concentra en Dios, mientras toma correctamente imágenes de El en su corazón y su mente. Usted se cambiara de imagen a imagen, de gloria en gloria.

Será traducido o transfigurado y transformado en lo que ve, si el foco está en el Señor u otra cosa. Todo en lo que usted tiene su atención, eso lo tiene a usted.

Se convierte en lo que se enfoca constantemente. Hebreos 12:2 habla de *"mirando a Jesús"*. Hebreos 11:27 dice de Moisés que *"se mantuvo firme como viendo al invisible"*. La clave es tener sus ojos abiertos para que pueda ver. ¿Por qué es tan importante mirar al Señor? Nuevamente, en lo que se concentra con, se conectará e impartición se lleva a cabo. Estoy dándole las claves que me tomaron años de aprender y entender. Se declararon de muchas maneras a través de diversos medios hasta que finalmente encontré la revelación.

Meditación Santa

Me han dicho un montón de cosas a través de cristianos bien intencionados, como, "La meditación es del diablo", o sea "Misticismo oriental" o "Nueva Era". Me han advertido que, "Usando su imaginación no es de Dios." Todos estos comentarios provienen de una mentalidad desinformada que no toma en cuenta lo que toda la Biblia tiene que decir acerca de la meditación. Hay tal cosa como la meditación bíblica. De hecho, a Josué le mandaron a meditar en la ley de día y de noche! (ver a Josué 1:8)

La palabra meditar literalmente significa "pronunciar silenciosamente bajo tu aliento, rumiar o masticar". En otras palabras, si quiero meditar en segunda de Corintios 3:18—*"pero todos nosotros, con rostro descubierto, contemplando como en un espejo la gloria del Señor, estamos siendo transformados en la misma imagen de gloria en gloria, como por el Espíritu, del Señor"*—significa que voy a murmurarlo, voy a repetirlo, voy a masticarlo, Voy a pensar en lo mucho que va a ser real para mí. Esto es meditar en la Palabra.

Cuando medito en la Palabra, yo estoy enmarcando imágenes en mi mente durante el proceso. Usted no puede hacer otra cosa más que hacerlo. Mientras estoy mirando en el espejo, tengo una imagen—estoy viendo la Gloria del Señor. Cuando miro en ese espejo, no solo veo al Señor, sino que el espejos refleja mi imagen, por lo cual estoy viendo a

Dios en mí! Yo susurro mastico, y pienso en estas cosas y adivinen qué? Algo comienza a suceder. Empiezo a ser cambiado. *"Y tal como hemos traído la imagen del terrenal, traemos también la imagen del celestial"*(1 Corintios 15:49).

Comience a ver esto en una luz diferente; Eso no sólo sucede después de morir, pero también aquí en la tierra. Así como puedo sostener la imagen de un hombre terrenal, puedo soportar la imagen de un hombre celestial. Todo de Él y nada de mí; No sólo quiero, sino que necesito desesperadamente ser como Jesús. Esa es mi pasión, mi destino, mi propósito. Todo se vuelve secundario a ese propósito.

Puedo decir sinceramente, después de haber tenido muchas experiencias en el Señor, después de aplicar la Palabra de Dios en mi vida, y después de crecer en esta área, hay sólo una cosa que arresta mi corazón ahora. No es ver los Ángeles o el Cielo. No es estar caminando en los milagros, maravillas y señales sobrenaturales—*es conocerlo a Él y ser como El.*

Redimiendo a la Imaginación

¿Qué significa cuando dice, *"nos hemos traído la imagen del hombre terrenal, nosotros también traeremos la imagen del hombre celestial"*?. Cuando se ve en el espejo, ve su propio reflejo, pero le dicen que vea al Señor. Otra vez, de nuevo a segunda de Corintios: *"contemplando como en un espejo la gloria del Señor"* (2 Corintios 3:18). Se están transformando en la misma imagen de gloria en gloria.

Nos dicen que cuando miramos en el espejo de su Palabra, debemos contemplar su imagen y los espejos, cuando mira, reflejan su imagen, ¿no? Cuando usted se ve en el espejo, se ve a usted, pero debe ver a Jesús. Cuando verdaderamente aprendemos a encuadrar adecuadamente la imagen de Jesús en nosotros, algo ocurre. Comienza a ser cambiado y transformado. Cuando ve al Señor con los ojos de su corazón y comienza a verse en el espejo se transforma en su imagen, una transformación divina comienza a tomar lugar. *Esta es la clave para interactuar con el Reino Celestial.*

Contemplando al Señor en usted mismo le cambiará en la misma imagen mientras mira y ve al Señor en usted. Reemplace su imagen con la imagen del Señor. Ahora, personas han preguntado esto en todas partes: "dices que yo soy Jesús?" No, usted está en El, Su Cuerpo, pero usted no es Jesús. Ya no es usted propio; Ha sido comprado con un precio; su vida está escondida en Cristo. Véase a sí mismo en Cristo y véalo en usted. No seamos hipersensibles y ridículos; No estoy diciendo que usted o yo somos Jesús, pero nosotros somos una parte del cuerpo de Cristo.

En lo que usted se concentra se asemejara a través de la impartición. El resultado final de una imaginación no santificada se muestra claramente en Romanos: *"porque, aunque conocían a Dios, no glorificaban a Dios, ni le dieron gracias; sino que se hicieron vanos en su imaginación, y su necio corazón fue entenebrecido"* (Romanos 1:21 LBLA).

Ve, si no aprendemos a aprovechar esto, nuestros corazones se oscurecerán por vana imaginación. No importa cuán duro pulsa o lo que usted hace de acuerdo con la Palabra—si no tiene un asa en la imaginación santificada, obstaculiza o lisia su capacidad para convertirse en todo lo que tiene para usted. Tenemos que tener todo el Consejo de Dios, y yo no estoy por cualquier tramo de la imaginación diciendo que tengo la completa revelación de esto. No. Le estoy dando mi parte. Dios sumará en su vida como le plazca. Lo que estoy diciendo es que tenemos que empezar. Tenemos que hacer algo.

¿Dónde está Jesús ahora? Está en su corazón; para hacer una cosa externa, tiene que contemplar al Señor en usted. Tiene que construir un puente para que en lo que se concentra se conecte y activación se lleve a cabo. Sí, Él está en nuestro corazón. Está parado aquí en esta sala. Está en todos los lugares al mismo tiempo, pero quiero ser capaz de contemplarlo. Quiero ser capaz de verlo. ¿Cómo obtengo desde donde estoy a donde debería estar? Puedo empezar por santificar mi imaginación. No va a llevar mucho tiempo.

Si usted comienza este viaje y da un paso, el Señor va a dar dos pasos. Si usted toma dos pasos, El dará cuatro. No entendemos la pasión hasta que nosotros hemos tocado la pasión de Dios; Entonces nos hace parecer débil. Es apasionado por usted. Tenemos que hacer esto por la fe.

Si pasara tiempo viniendo ante el Señor con una imaginación santificada—contemplando en el vidrio la gloria del Señor—si empieza a ver a Jesús en usted y usted mantiene su enfoque y adora al Señor, algo radical comienza a suceder en el interior suyo. Usted empezar a cambiar en esa imagen. El carácter de Jesús comienza a tener la preeminencia en su vida, y se convierte en lo que su corazón ha deseado ser por tanto tiempo.

Caminando en Su Autoridad

Como Cristo es en carácter, naturaleza e integridad—esto es de lo que todo se trata. Como avanzamos en esto, el mundo ya no dirá que la iglesia es débil e ineficaz. Más bien ellos dirán: "Dios está en usted de verdad".

Este fue el secreto de Enoc. Así fue como Enoc eventualmente obtuvo ser transferido—los velos comenzaron a caer. Que velos? Velos de la carne, falsa doctrina, entendimiento religioso, y la razón, contrarios a la Palabra de Dios. El velo de la incredulidad es el primero en caer.

Déjeme darle un ejemplo. Citamos las escrituras, *"Puedo hacer todas las cosas en Cristo que me fortalece"* (Filipenses 4:13). Entonces un día el Señor manda a que vaya a un país extranjero y Ministre el Evangelio. Lo primero que la mayoría de la gente piensan es en sus finanzas: "Pues no lo sé; No tengo el dinero". Sacamos esta lista de por qué nosotros no podemos obedecerlo en vez de estar de acuerdo con El. ¿No me dijiste que puedes hacer todas las cosas? "Sí, pero..." Cotizamos con ligereza la palabra de Dios, pero no lo caminamos.

Posicionalmente, toda promesa en la Biblia es nuestra. Posesión-aliados, no caminamos en El. ¿Por qué? Porque realmente no lo creemos. Si realmente cree que Dios suplirá todas sus necesidades de acuerdo a sus riquezas en gloria, nunca más se fijaría en su cuenta bancaria como su fuente. Nunca consideraría su trabajo como su fuente. No iría alrededor insinuando a la gente sobre la falta en su vida haciéndoles sentir obligados a dar. Ponga su confianza en Dios. Daría hilarantemente y liberalmente. Daría alegremente.

No se preocuparia por el alquiler del mes que viene, utilidades o pago del auto; su actitud y su respuesta sería, "Mi Dios suple todas mis necesidades." No tenemos que construir las doctrinas de "dar para recibir". No, confíe en Dios, porque la Biblia dice que si camináis donde debéis estar en Cristo todas estas cosas se añadirán a vosotros (véase a Mateo 6:33). No sería capaz de contenerlas.

¿Ve lo que estoy diciendo? Si verdaderamente creemos la Palabra, podríamos vivir de otra manera y actuar de forma diferente. Crecemos en esto más y más cada día que seguimos al Señor. Así que el velo de la incredulidad es el primero en irse, pero al comenzar este proceso más velos empiezan a caer. Lo más que esto sucede, lo más clara que se convertirá la imagen y cuando la imagen se vuelve más clara, mayor es la manifestación de Cristo en vosotros, la esperanza de Gloria (véase Colosenses 1:27).

Séptimo Día

Hace cinco años, ya sea en el cuerpo o fuera del cuerpo no lo sé, estaba de pie y adorando al Señor en mi tiempo a solas con Dios cuando de repente me encontré parado en las estrellas. La primera cosa que noté fue la sorprendente sinfonía de alabanza viniendo como todas estaban cantando alabanzas a Dios. Todo estaba vivo y le dieron voz!

Lo siguiente que me di cuenta cuando miré con asombro fue que no podía ver la tierra en ningún lugar. Cuando yo empecé a cuestionar al Señor sobre lo que Él estaba diciéndome, comencé a recibir la revelación sobre la física de la traducción. El velo de la incredulidad es el primero en irse.

Ahora Enoc, séptimo desde Adán, profetizó acerca de estos hombres también, diciendo: "he aquí, el Señor viene con diez millares de sus Santos, para ejecutar juicio sobre todos, para condenar a todos los impíos entre ellos de todas sus obras impías que han cometido en una cierta forma impía y de todas las cosas duras que los pecadores impíos han hablado contra El" (Judas 1:14-15).

Como compartí anteriormente, un día es como 1 mil años con Dios (ver 2 Pedro 3:8). Desde la época de Jesús a la vuelta del siglo, hemos completado 2 mil años, o dos días. Ahora nos encontramos temprano en la mañana del tercer día. Desde el tiempo de Adán hasta la vuelta del siglo hemos completado seis días, y ahora estamos tempranos en la mañana en el séptimo día. Judas 1:14 dice que Enoc fue la séptima generación de Adam. En este séptimo día somos una generación de Enoc. Nosotros podemos caminar con Dios y ser transferidos tal como él fue porque el Señor no hace acepción de personas. ¿Cuál es la posibilidad de Dios en su vida? ¿En qué es por lo que está creyendo a Dios? ¿En dónde está fijo su corazón?

Claridad de la imagen tiene que ver con la pureza de corazón. Tiene que ver también con la competencia que viene a través de la práctica. Esto trae la pureza de corazón.

Ungido

Uno de los momentos que estaba ministrando en una jornada de una semana en una iglesia en Fiji, cogí un resfrío de pecho. ¿Puede creer que en un clima cálido de isla tropical pesqué un resfrió? Tenía una ligera fiebre, así que sudaba continuamente cada noche. Sólo estaba agotado. Iría a casa cada tarde después del servicio, y podría estar sudando en mi cama, sintiéndome medio muerto y desgastado por la bronquitis, orando y creyendo en el Señor para la curacíoan. Encima de eso, los niños en la casa todos tuvieron varicela.

El día que nos fuimos, la madre de los tres niños que tuvieron varicela llevó a los niños arriba en la cama donde yo había dormido, los revolcó allí, y ellos fueron sanados al instante de la varicela.

Cuando escuché su testimonio yo dije, "Espera un momento, Dios, yo estoy ahí enfermo y moribundo. ¿Por qué no funcionó para mí?"

Dijo, "la unción en ti impregno y saturo la cama mientras orabas e intercedías todas las noches. Su fe fue conectada con esa unción, y es por ello que sus hijos fueron sanados al instante."

Ahora imagínese esto en un nivel aún mayor. Usted esta tan cautivado y sumergido en Dios, en todos lados que camina hay una liberación de la unción o la Gloria de Dios residente sobre usted y *cualquiera que venga cerca de usted será afectado por ese resplandor.*

Poder Real

Un buen amigo que había tenido problemas de espalda durante muchos años estuvo ministrando en nuestra área. Su espalda estaba sufriendo tanto que decidió que debía ir a ver a un terapeuta de masaje para conseguir algún alivio. En el pequeño pueblo donde vivimos, entró en la sala de masajes donde tenían la costumbre aromaterapia y música de Nueva Era. Cuando él estaba tirado ahí recibiendo el masaje, le pidió al hombre, "¿Qué pasa con el incienso y todo eso?"

La masajista dijo: "Oh, hay poder en la aromaterapia."

Le preguntó, "y esa música?"

El hombre respondió, "Oh, hay poder en eso también."

Nuestro amigo dijo: "en serio? ¿Quieres saber qué es poder real?"

El hombre dijo. "Bueno, sí".

Así que nuestro amigo ministro dijo: "está seguro?"

El masajista dijo, "Sí"

Mientras él todavía estaba masajeando la espalda, nuestro amigo dijo: " Bueno entonces — y conscientemente lanzó la unción y el hombre salió volando hacia la pared.

El masajista dijo: "¿Qué fue eso?"

Mi amigo respondió: "Eso es poder real".

El hombre nunca había visto una manifestación de verdadero poder en la iglesia donde había crecido, así que salió de la iglesia y se involucró en el movimiento Nueva Era. La verdad es que realmente quería conectarse con la realidad de Dios, pero no vio nada en la iglesia para convencerlo de que Dios era real, así que se fue en otro lugar.

A medida que se derrite cada velo, viene la claridad y el Reino más claro y más claro. Mateo 6:21 dice: *"Porque donde esté tu tesoro, allí tu corazón será también"*. Y *"de la abundancia del corazón habla la boca"* (Mateo 12:34). Así que donde está vuestro tesoro, vuestro corazón está allí y de ese lugar vuestra boca habla.

La luz del cuerpo es el ojo. Por lo tanto si su ojo está sano, su cuerpo entero será lleno de luz. Dios es la luz. Si su ojo es maligno, usted estará lleno de oscuridad. Si por lo tanto la luz que está en usted es oscuridad, será porque el ojo se centra en algo más que el Señor (véase KLV Mateo 6:22-23).

Echando a los Demonios

Compartíamos con unos amigos en Belfast, Irlanda del norte, por lo que el Señor había estado hablándonos con respecto a la temporada en que estamos. Les dijimos que ésta es la hora cuando los creyentes van a estar tan llenos de Dios que cuando caminen por las calles los demonios van a ser manifiesto y las personas van a ser libertadas.

Estaban escuchando y asintiendo con la cabeza mientras estábamos tomando un paseo de ocio después de la cena. Mientras caminábamos, un hombre había pasado delante de mí y entró en una cabina telefónica a pocos metros delante de nosotros. Inmediatamente después de entrar en la cabina, dio la vuelta y regresó hacia nosotros cuatro y, con ojos vidriosos y una voz del más allá, dijo: "Vete a casa". Luego empezó a irse a un ritmo muy rápido.

Nuestros amigos se asombraron y dijeron: "¿Qué fue eso?"

Comenté, "es sólo un demonio; No te preocupes."

Nos miraban en cierta manera indicando descreimiento e incredulidad a mi obvia falta de sentido común.

Me dirigí a mi esposa y sonreímos, sabiendo que tendría que ser el Señor quien les dio la comprensión de la verdad acerca de lo que estábamos tratando de explicar. No habíamos caminamos otro 40 yardas cuando nos llegamos a dos niñas en la calle paradas hablando. Cuando llegamos cerca de ellas saltaron hacia arriba en el aire gritando en la cima de sus voces y huyeron, cada una en una dirección opuesta.

Una vez más, nuestros amigos exclamó: "¿Qué fue eso?"

Esta vez que compartí con ellos lo que el Señor nos había estado diciendo. El impacto de ver Su Palabra siendo demostrada delante de sus caras era suficiente para convencerlos de la realidad de la época y temporada que estamos entrando.

Cuando empezamos a poner estos principios en práctica en nuestras vidas-cuando nos sumergimos en su presencia – es mejor que estemos listos para que ocurran manifestaciones inusuales. Somos seres sobrenaturales que están empezando a entender ese hecho y están empezando a conectarse con nuestra herencia en Jesús el Mesías! Recuerde que cuando Jesús entraba en proximidad con un hombre o una mujer que fueron demonizados, hubo una reacción inmediata a Él. Somos su cuerpo! Esto debería ser la norma, no la excepción.

Si vuestro ojo es único, todo vuestro cuerpo estará lleno de luz. ¿Cuál es vuestro ojo? Es el instrumento a través del cual veis. Puede ser con los ojos físicos o los ojos de vuestro espíritu. Su enfoque va a determinar que "ojo" está más en sintonía con su entorno. Si vuestro enfoque es único, todo vuestro cuerpo estará lleno de luz. ¿Único en qué? ¡En Jesús!

Si va a comenzar a practicar para mantener su enfoque en Jesús meditando, en imágenes y en seguirlo a Él, va a ser despertado a una capacidad de vista que nunca sabías que estaba disponible para usted. Recuerde, que con lo que se concentra, usted se conectará. Una vez que viene la conexión, la activación se lleva a cabo.

Notas Finales

1. James Strong, Concordancia exhaustiva de Strong, 3336

CAPITULO SIETE

Traducción por Fe: Preparándonos

Muy a menudo como hemos compartido este mensaje por todo el mundo, hemos visto la mayoría de las audiencias arrebatadas en Espíritu con muchos siendo atrapados en el tercer cielo. Yo soy un creyente en la Palabra de Dios, pero también creo que el Espíritu y la Palabra se unen para traer claridad. Es maravilloso tener experiencias en Dios, pero la experiencia sin la palabra es algo para la cual no creo que tenemos suficiente base, así que voy a darles a ambos.

En este capítulo quiero compartir con ustedes un tema que desafiara a su fe y esperemos que le provoque a mas búsqueda de Jehová. Lo que estoy hablando no es la transformación por la fe – es traducción por la fe. Traducción significa ser arrebatado. Algunas personas lo llaman transporte. Me gusta la palabra traducción.

Preparando a ser Traducidos

Si ve en Hechos 8:39-40, verá un ejemplo de traducción sobrenatural (yo lo llamo Airlineas de Felipe). Cuando Felipe y el eunuco etíope surgieron del agua, el Espíritu del Señor arrebato a Felipe así que el eunuco no lo vio más, y prosiguió su camino regocijándose. Así como las Escrituras nos dice, Felipe fue encontrado en Azoto, aproximadamente a 30 millas de distancia.

Verá, cuando yo leo la Palabra de Dios, me emociono porque Jesús dijo que El no hace acepción de personas, y porque Jesús dijo eso yo lo creo. Él es la palabra y El no miente. Así que cu-ando leo historias como la que hemos compartido sobre Felipe se tradujo, me emociono.

Un número de años atrás, el Espíritu Santo me despertó tem-prano por la mañana (ese fue el primer milagro) para hacerme una pregunta. Le digo a mis amigos no me molesten a las cinco o seis de la mañana porque estoy en Asamblea cabecera con Pas-tor Sabanas en profunda intercesión!

Así que el Espíritu Santo me despertó y me dijo, Bruce, se pu-ede traducir un hombre por la fe? Reflexioné sobre esta pregunta durante unos minutos antes de que yo le respondiera al Espíritu Santo: "Sí, creo que sí".

Él dijo: "¡bien! Prepárate".

¿Bueno, pensé, prepararme? ¿*Cómo se prepara para eso?* Así que le pedí al Señor, "¿Cómo se prepara para eso?"

La respuesta estaba delante de mí. Él dijo, "Yo ya te dije – por fe." Hebreos 11:5 dice por fe Enoc fue traducido. Y yo dije, "Bien, puede hacerse por la fe."

Y así empecé a reflexionar sobre eso. Comencé a cavar en la Palabra e investigar cada pasaje de las escrituras que habló clara-mente sobre el tema o se refirió a él. Sinceramente no sabía por dónde empezar, aparte de las historias que el Señor había dado ya en la Palabra de Dios. Entonces llaman un día unos amigos nuestros que han fundado una escuela bíblica en Spokane. La es-posa dijo: "Sabes, anoche tuve un sueño interesante, y tú estabas enseñando sobre la traducción por fe en la escuela. Había una gran emoción porque los estudiantes lo estaban entendiendo y tomándolo!"

Le dije, "¿en serio? ¿Qué escrituras estaba usando? ¿Te acuerdas?"

Ella dijo, "Sí", y procedió a darme una lista de las escrituras. Sobrenaturalmente a través de un sueño, el Señor dirigió mis pasos aquí para embarcarme en el estudio de este tema! Era evidente a través de esto y similares circunstancias que la mano de Jehová estaba en esto y Él quería que persiguiera a esta revelación.

Un año más tarde, mientras ministrando en Canadá, conocimos a un individuo que se mueve en lo profético y él tenía una palabra profética para nosotros. Él dijo: "Sabes, tengo una palabra para ti. El Señor dijo que vuelvas al libro de Isaías; Hay algo para ti – es una llave que te lanzará en las direcciones correctas".

Acababa de estudiar el libro de Isaías y no había visto ninguna tecla, pero le dije, "Bueno, está bien, yo puedo hacer eso." Cuando llegué a casa un par de semanas más tarde me senté en mi escritorio y el Señor me recordó esta palabra profética, así que comencé a estudiar el libro de Isaías. Cuando llegué al capítulo 6, yo encontré una clave que me asombró! (Voy a compartir esta clave más adelante).

Entonces, lentamente el Señor fue desplegando esta revelación hasta que llegó un momento cuando estaba atrapado en el tercer cielo ante el trono de Dios. Durante esta experiencia, el Señor puso un manto sobre mí, y dijo: "este es el manto que te adornará para enseñar y soltar a esta revelación, y va a venir en dos fases. En la primera fase, aquellos a quienes tu enseñas serán liberados y atrapados en el tercer cielo. Comenzarán a ver en el Reino del Espíritu e interactuar de una manera nueva."

"La segunda fase", me dijo que en algún punto, "en realidad tú vas a enseñar a la gente cómo traducirse físicamente como Felipe fue traducido y así mi palabra debe ser predicada por toda la tierra."

Mi primer impulso era ver si podía encontrar cualquier testimonio en nuestra generación de traducción. Para mi asombro, descubrí que ha habido personas que han venido adelante con testimonios de haber sido sobrenaturalmente traducidos, no sólo a los cielos, pero geográficamente alrededor del mundo!

Uno de los testimonios más sorprendentes es de un pastor en Rusia que ministra en tres iglesias cada domingo por la mañana. Lo interesante es que estas iglesias están a cientos de kilómetros aparte. El ministraba en la primera iglesia para el servicio de las 8:00, completaba el servicio y entraba en su oficina a las 10:15 o 10:30. Allí él era sobrenaturalmente transportado a la Iglesia próxima, Ministraba allí y así sucesivamente hasta que los tres servicios eran completos, entonces él se traduciría a su casa. Él lo hacia todos los domingos. Asombroso!

He compartido antes acerca de un hombre africano de Kenia llamado Ricardo a quien le dijo un día el Espíritu Santo, "Haz tu maleta e vete al aeropuerto. Quiero que vayas a Londres, Inglaterra."

Él dijo, ' Sí, Señor.' El empacó su maleta y fue al aeropuerto. Cuando entró en el vestíbulo del aeropuerto, puso su bolsa abajo y dijo: "¿qué hago ahora yo, Señor?"

Verás, él no tenía dinero, pero en la fe había hecho exactamente lo que el Señor le dijo que hiciera. El Señor dijo: "recoge tu bolsa y entra en el baño de hombres y entra en el tercer puesto de la izquierda".

Así que tomó su maleta y se metió en ese tercer puesto en la izquierda. Puso su maleta en el suelo y esperó más instrucciones. El Señor dijo: "Ahora, levanta las manos y adórame."

Así Richard comenzó a adorar al Señor en lo alto de su voz ahí en el baño para hombres. Después de unos minutos el Señor dijo: " Bien, ahora vete!"

Recogió su maleta, y cuando salió del baño de hombres estaba en la nación extranjera donde estaba su misión!

Caminando por la Fe

EL cristianismo de corriente general tiene dificultad con lo sobrenatural porque muchos de ellos nunca han tenido una experiencia sobrenatural y les han dicho que Dios no hace este tipo de cosas. También, no somos los estudiantes de la palabra deberíamos ser, y tenemos dificultad en creer que cuando el Señor dice algo podemos "llevarlo al banco," por así decirlo. ¡Es verdad!

Jesús dijo: cierto, de cierto os digo, que el que cree en mí, las obras que yo hago, él las hará también; y mayores obras que éstas hará, porque voy a mi Padre (John 14:12).

Tenemos el privilegio de hacer *"las mayores obras que estas"* porque él iba al Padre. Al examinar las "obras" de Jesús, podemos mirar a Su vida antes que resucitó y después que fue resucitado porque El no hizo distinción alguna. No dijo que sólo haríamos los trabajos que hizo antes de la Cruz. Dijo que las obras que yo hago vosotros lo harán también. ¿Por qué? Porque en este momento está a la diestra del Padre intercediendo por usted y yo en este momento. "Las obras que hago también haréis".

Algunas de las cosas que Jesús hizo no nos atrevemos siquiera a comenzar a creer, porque pensamos, "Bueno, no, no, no – eso está fuera de la norma. Eso es imposible. 'No hay nada imposible con Dios. Pablo (mi parafraseo), dijo: "Pues estoy alardeando, no tengo ganas de hacer esto, yo conozco a un hombre en Cristo, ya sea en el cuerpo o fuera del cuerpo, no puedo decirle, pero ese hombre fue arrebatado al tercer cielo y vio cosas que ni siquiera son legales para discutir o hablar" (ver 2 Corintios. 12:1 - 2).

Una vez más, Jesús no hace acepción de personas. Si lo hizo por uno, lo hará por otro. Leí este pasaje en la Palabra cuando tenía 17 años, y algo vibró en mi espíritu. Le dije, "Dios, eso es para mí," y lo perseguí durante años hasta que el Espíritu Santo vino y me desafió con eso mismo.

Por lo tanto, cuando Jesús percibió que iban a venir a llevárselo por la fuerza para hacerle rey, partió nuevamente a la montaña El solo. Cuando llegó la noche, sus discípulos descendieron al mar, subieron en el bote y fueron sobre el mar hacia Capernaum. Ya era de noche y Jesús no había venido a ellos. Entonces el mar estaba agitado porque soplaba un fuerte viento. Así que cuando ellos habían remado sobre tres o cuatro millas, vieron a Jesús caminando sobre el mar y cerca del barco; y estaban asustados. Pero Él les dijo, "Soy yo; No tengan miedo."

Entonces lo recibieron voluntariamente en el bote, e inmediatamente el
barco estaba en la tierra donde iban. (Juan 6:15-21)

Inmediatamente llegaron a la orilla – un viaje de aproximadamente tres
horas y media a cuatro millas en un momento! Sabemos que Jesús fue
caminando sobre el agua por la fe (véase Mateo 14:25-32). El habló con
Pedro al respecto en un momento dado, y Pedro dijo: "Señor, si eres tú,
mándame a venir" (véase Mateo 14,28). Jesús dijo, "¡Vamos, Pedro."
Pedro estaba haciendo bien hasta que empezó a mirar al viento y las olas
en lugar de mantener sus ojos en Jesús! El momento en que retira los
ojos de Jesús y mira a las circunstancias, comienza su declive. Y así
Jesús lo agarro, "¡Oh! Tú de poca fe"

Sabemos que todo lo que Jesús hizo fue por la fe. Pedro hizo lo que Jesús
hizo por la fe, y mientras mantuvo los ojos en Jesús él estaba caminando
sobre el agua. Estaba emulando o haciendo las obras que hizo Jesús, y la
Biblia dice que nosotros podemos también! Ahora, aquí es una clave que
quiero ver en esto. Cuando Pedro vio a Jesús caminando sobre el agua,
dijo, "Señor, si este eres tú – si este eres tú – mándame venir." Quiero
que ore ahora: "Señor, si eres tú, lo quiero. Señor, si eres tú, mándame
ir!" Tenlo en tu corazón.

Pedro, por tanto, era custodiado en la cárcel, pero la iglesia ofrecía
constante oración a Dios por él. Y cuando Herodes estaba a punto de
sacarlo, esa noche Pedro estaba durmiendo, atado con dos cadenas
entre dos soldados; y los guardias antes de la puerta mantenían la
prisión. He aquí un ángel del Señor estaba con él, y una luz brilló en la
cárcel; y tocó a Pedro al lado y lo levantó, diciendo: "¡Levántate
rápido!" Y sus cadenas cayeron de sus manos. Entonces el ángel le dijo:
"Cíñete y amarra tus sandalias"; y así lo hizo. Y él le dijo, "Ponte tu
ropa y sígueme." Así salió y lo siguió y no sabía que lo que hizo el Ángel
por él era real, pero pensó que estaba viendo una visión. Cuando
estaban más allá de la primera y la segunda guardia, llegaron a la
puerta de hierro que conduce a la ciudad, que abrió sus puertas a ellos
por su propia voluntad; salieron y fueron por una de las calles e
inmediatamente el ángel se apartó de él.

Y cuando Pedro volvió en sí, dijo: el Señor ha enviado a su ángel y me ha rescatado de las manos de Herodes y de todo lo que esperaba al pueblo de los Judíos.(Hechos 12:5-11)

Como usted puede ver, Pedro estaba en la cárcel y un ángel del Señor vino, lo liberó de sus cadenas y sobrenaturalmente abrió las puertas de la prisión, y Pedro salió. Fue transportado desde la cárcel a la libertad! Ahora, ya sabe que hay guardias en las puertas y había guardias en las celdas de la prisión, pero ninguno de ellos lo vio.

Testimonio No Tradición

Tengo en DVD un testimonio de un hombre con el nombre de hermano Grubbs, que desde 1950 a través de 1987 (el tiempo de la entrevista) sobrenaturalmente fue llevado por los Ángeles de Dios alrededor del mundo por años ministrando por todo el mundo. Una vez que su tarea fue terminada, los ángeles le traerían a casa. Las historias que cuenta y las aventuras en Dios que tuvo son poderosas, y no hace falta decirlo, me dejaron emocionado!

Paul Harvey, un icono en Noticias Americanas, escribió un artículo en 1951 sobre un hombre que apareció en la ONU y luego desapareció. Hermano Grubbs habla sobre lo que pasó ese día y cómo el Señor lo conectó con un ángel en las Naciones Unidas.

Debemos desafiar nuestra fe y empezar a creer al Señor por la plenitud de nuestra herencia, no en una fecha posterior o en la gran partida. Tenemos que creer toda la Palabra de Dios, no sólo la parte con que estamos cómodos. Tenemos hasta la fecha para salir en el agua, si usted lo desea y dice: "Señor, si está en tu Palabra, y entonces yo lo quiero. Sea lo que sea que tú tienes, Señor, yo lo quiero.

Porque yo sé los pensamientos que yo tengo para vosotros, dice Jehová, pensamientos de paz y no de mal, para daros un futuro y una esperanza. Entonces Me invocareis y vendréis a rogarme, y os escuchare. Y Me buscaréis y Me encontrareis, cuando Me busquéis con todo vuestro corazón (Jeremías 29: 11-13)

La mayoría de los cristianos sabe estos versos y aún no comprenden el significado de lo que se dice. En pocas palabras, dice que tiene tanto de Dios como usted quiere. Sólo tiene que ser un apasionado de perseguirlo. Absolutamente no hay límite en Dios para usted salvo lo impone sobre usted mismo– sin límite! He sido desafiado por un número de años en creer al Señor por las cosas que nunca he visto y ni oído jamás. Es una llamada a presionar para lo más profundo, para ir más lejos de lo que nunca me atreví a esperanzarme. Yo lo desafío con la misma palabra – crea en esas cosas que nunca ha visto y no ha oído nunca antes.

Todo lo que el Señor dice que puedo tener yo lo quiero. No me importa lo que la tradición dice o qué doctrina de hombre intenta limitarme. Quiero todo lo que la Escritura dice que esta a mi disposición. He tenido que desaprender mucho de la teología que he aprendido en mis años de Instituto Bíblico y seminario. La teología es el estudio de Dios, pero a veces la tradición tendrá el efecto contrario de lo que hemos deseado primero. Terminamos siendo encajados limpios y aseados en una tradición o doctrina que es contraria a las Escrituras, y nos impiden avanzar en la posibilidad de Dios para nuestras vidas.

Las tradiciones no son todas malas, pero algunas tradiciones le dificultarán. Quiero ser desafiado por el Espíritu Santo. Quiero que mi fe crezca. Quiero convertirme en todo lo que Jesús dijo que podría ser, así que espero que el Espíritu Santo me lleve y me guíe a toda verdad:

Sin embargo, cuando El, el Espíritu de la verdad venga, él os guiará a toda verdad; Porque no hablará por su propia autoridad, sino lo que oye el hablará; y él os dirá lo que ha de venir (Juan 16:13).

Jesús dijo: "...porque así como Él es, así seremos en este mundo." (1 Juan 4:17). Durante 2.000 años, la iglesia se ha esforzado por hacer como Jesús lo hizo sin darse cuenta que todo lo que hizo en esta tierra era hacernos como Él es ahora! Pero la Palabra dice claramente como él es, así seremos en este mundo. ¿Dónde está Jesús ahora? Está sentado a la diestra del Padre. Tiene una perspectiva desde el cielo a la tierra. No está enfermo, no está en duda, no está en el temor, no está en los disturbios, no tiene ninguna falta y así sucesivamente. ¿Entiendes? Y la palabra dice que como Él es tal somos en este mundo. Así que estamos viviendo por debajo de nuestra herencia y nuestro derecho de nacimiento en Cristo – muy por debajo de eso. Estoy decidido ahora más que nunca de continuar y obtener tanto como pueda en El en esta vida.

Una visita a Natalia

Primera de Corintios 5:3 es una Escritura interesante: "porque de hecho yo, como ausente en cuerpo pero presente en Espíritu, ya he juzgado (como si estuviera presente) a quien ha hecho tal obra."

Tuve una experiencia hace unos años que me ayudó a entender este pasaje de las Escrituras y saber cómo esto puede haber ocurrido. Compartíamos en una conferencia de un número de años en Couer d ' Alene, Idaho. Fue la primera vez que sentí que fui liberado para enseñar sobre el tema de la traducción por la fe ya que el Señor había comenzado a compartir revelación sobre capacidad sobrenatural en la vida de los creyentes.

Durante el servicio de adoración y hasta cuando yo estaba enseñando, fui arrebatado lejos en el Espíritu. Mi hombre espiritual fue sacado por la parte superior de mi cabeza. A medidas que yo ascendía por encima de la tierra, fui llevado en al continente europeo. Era de noche y había algunas nubes. Recuerdo mirando hacia abajo sobre un número de Naciones y maravillado por la belleza de las luces de la ciudad desde tal altura. Pude distinguir, sobrenaturalmente, el contorno de cada nación a que estaba mirando.

Parecía haber una nación en particular que se destacó en mayor medida que las demás, así que le pregunté al ángel conmigo a que nación yo estaba mirando. Me comunicó que era Letonia, Europa Oriental.

En ese momento comenzamos a descender hacia una ciudad particular (que no sé la ciudad) y a través del techo de un complejo de apartamentos. Nos metimos fuera de la puerta número 212. Mientras me quedé parado preguntándome lo que estábamos haciendo. Oí el sonido de un niño llorando detrás de la puerta.

Me vi obligado a abrir la puerta y entré a través de la pequeña sala en una trastienda donde una niña estaba arrodillada junto a su cama y orando.

Cuando me acerqué a ella, me abrumó la compasión del Señor. Supe su nombre inmediatamente por el Espíritu de Dios, así que me arrodille a su lado, envolví mis brazos alrededor de ella y comencé a consolarla.

En la comunicación con ella, me enteré de su historia. Su nombre era Natalia. Sus padres estaban buscando comida en ese momento ya que no habían comido en mucho tiempo. Ambos de ellos eran incapaces de encontrar empleo en esa ciudad. Estaban sin dinero, no tenían comida y estaban a punto de ser desalojado y Natalia estaba llorando y clamando a Dios por su intervención.

Fui capaz de orar con ella y consolarla en su idioma - que no sé, pero Dios sabe. Cuando estábamos terminando, yo fui traducido inmediatamente a la reunión donde yo todavía estaba enseñando en el Reino natural.

Antes de esta conferencia particular, tuve la impresión de que algo iba a suceder y nosotros seríamos capaces de ver este "algo" sobrenatural con el ojo desnudo o en la cámara. Con esto en mente, yo tenía un amigo en la conferencia que es un fotógrafo con un número de cámaras digitales muy impresionantes en su arsenal.

Le dije que no dude en tomar fotos de lo que se sintió llevado durante cualquier período de sesiones de la Conferencia a que estaba inclinado. Bueno, no se presentó ninguna de las fotos a mí en aquel momento, francamente me olvidé de ellos hasta que en algún momento en junio cuando de repente me di cuenta que yo no había oído de él desde la Conferencia de Año Nuevo.

En la noche cuando yo fui arrebatado en el Espíritu (la historia que acabo de relacionar con usted), había tomado una foto que, según sus propias palabras, no sabía qué hacer con ella. En la foto, yo soy absolutamente transparente – se puede ver a través de mí. Fue un evento sobrenatural que él tomo con la cámara digital.

Una vez más, sólo estoy poniendo bases aquí.

Paseos en Carros

Y aconteció que mientras iban andando y hablando, he aquí apareció un carro de fuego y caballos de fuego que separo a los dos. Y Elías subió al cielo en un torbellino. (2 Reyes 2:11).

En una serie de reuniones en que hemos estado, hemos sido testigos de un fenómeno sobrenatural inusual similar a las anteriores escrituras – un carro de fuego entró en la habitación. Muchas de estas reuniones vi y sentí esta manifestación y fueron transformados por la interacción de este encuentro celestial.'

El primero de ese encuentro fue durante una conferencia en la misma iglesia en Coeur d ' Alene, Idaho, un año después de mi experiencia en traducción. Ya que he llegado a comprender que visiones son lengua, hay veces que puedo compartir lo que estoy viendo y hay veces debo usar la sabiduría y transmitir lo que está diciendo el Señor a través de una visión para que la gente pueda recibir lo que el Señor está tratando de comunicar.

En esta noche especial vi a este carro venir al santuario. Los pastores, Juan y Ruth Filler, y yo tuvimos una conversación antes de la Conferencia porque sentíamos que El Señor iba a desafiar nuestro paradigma durante esa temporada.

Yo había dicho, "Pastor Juan, realmente siento que vamos a ser retados a salir de la caja en esta conferencia."

Poco sabíamos! Cuando vi este carro de fuego y los seres sobrenaturales tirando (los caballos), inmediatamente probé el espíritu preguntando, "ha venido Jesús el Mesías en la carne?"

Al recibir una afirmativa, le pedí al Señor, "¿Qué estás diciendo, Padre?"

Él dijo, "Poned dos sillas en el carro".

Me volví a los pastores y dije: "Juan, fuera de la caja, verdad?"

Él dijo, "Sí, fuera de la caja".

Yo dije, "Bueno"

Pedí a dos de los ujieres que coloquen dos sillas al frente de la iglesia en la posición que he indicado. Una vez que estaban allí, dije, "Ahora qué, Señor?"

Dijo, "Haz Pastor Juan y su esposa, Ruth, sentarse en las sillas".

Una vez más me volví a los pastores Juan y Ruth y dije, "fuera de la caja, no?"

Otra vez mas dijeron: "Sí, fuera de la caja".

Les dije, "Bueno, ustedes vengan y siéntense aquí."

Después me dijo que estaba caminando por ahí pensando, "¿Qué está haciendo?"

Bueno, se sentaron en esa silla mirando hacia el lado en que el carro iba. Cuando se sentaron inmediatamente fueron cogidos lejos en el Espíritu. Ruth tuvo una asombrosa experiencia de ver al eunuco etíope como Felipe le bautizaba, y vio a Felipe traducido lejos a Asotus, entre otras cosas. Juan fue atrapado en las estrellas y terminó en el tercer cielo. Su experiencia duró aproximadamente una hora, tiempo durante el cual continuaba enseñando con una mirada ocasional a los dos de ellos para ver qué estaba pasando.

Finalmente, el Señor me impresiono que su experiencia había llegado a su fin. Le pedí a Juan que comparta con nosotros lo que había sucedido durante esa hora. Él fue tan deshecho por lo ocurrido que era incapaz de hablar sin llorar. Pidió un tiempo para procesar lo que había sucedido antes de que él compartiera con nosotros esta experiencia.

Salga de la caja !

Ahora si esta enseñanza lo está estirando, bien! Espero que sean estudiantes de la Palabra. Vaya a la Palabra y permita que Su Palabra lo provoque que sea convertido en todo lo que fueron creados para ser! El hecho porque estoy compartiendo estas experiencias no tiene que significar que debe recibirlas como Evangelio, pero tiene que estudiar la

Palabra, tiene que entender lo que dice la Palabra de Dios y necesita recibir por la fe de Dios todo lo que le pertenece!

Hay mucho en Dios que nosotros mismos hemos impedido en entrar porque nos hemos quedado encerrados en una caja denominacional. Argumentamos que gran parte de las Escrituras ya no es relevante y Dios ya no hace esas cosas. Huya de ese tipo de mentalidad y pensamiento religioso. El Señor no puede separarse de su personaje. Él es un Dios sobrenatural, y fuimos creados en su imagen con el potencial de entrar en la plenitud de lo que implica nuestra filiación. Somos seres sobrenaturales en El.

No intento menospreciar a cualquier individuo. Sin embargo, quiero exponer las tradiciones y sistemas religiosos que mantienen fuera a Dios o nuestro Reino de experiencia y colocan al pueblo de Dios en el cautiverio.

Lucas 11:52 dice que los Fariseos le quitaron la llave del conocimiento por las tradiciones de los hombres. En otras palabras, habían impedido que gente entrara en la plenitud del conocimiento de Dios por sus tradiciones, y guardaron a Dios a distancia de la gente y la gente a distancia de Dios. Tenemos que evaluar las tradiciones que abrazamos que se han convertido en cómodas para nosotros y con sinceridad preguntar, "Señor, estas tradiciones me mantienen con la plenitud de tu promesa y de intimidad contigo? Si lo son, necesito ayuda. No sé cómo salir de esta jaula religiosa, pero Padre, tu hazlo. Muéstrame cómo hacer esto. Enséñame a presionar hacia tu promesa.

Compartí sólo algunos ejemplos de la traducción en la Palabra de Dios – física y espiritual, por visitas angélicas, por el Espíritu Santo y por el mismo Señor. Hubo varios medios o métodos retratados en las Escrituras, como Elías y el carro de fuego, Jesús y el barco, un ángel abre las puertas de la prisión y así sucesivamente. Porque todos ellos están claramente definidos en la Biblia, no necesitamos cuestionar si es posible; por el contrario, tenemos que determinar si esto es lo que el Señor nos está llamando como grupo o individuos. Tenemos que avanzar en nuestra vida espiritual con la esperanza y la expectativa.

Tenemos que empezar a creer que todas las cosas son posibles. La clave es, debemos creer.

CAPITULO OCHO

Traducción a través de la Fe: Yendo

Queremos confiar en Dios. Él es nuestro Padre. Si le pedimos por el pan, no va a darnos una piedra. Si le pedimos que nos ayude a desarrollar un oído para escuchar su voz, no va a dejar que el diablo entre y nos engañe por todas partes. No, el amor del Padre dice, "mi hijo, yo nunca te dejaré ni te abandonaré."

Pedro dijo: "Señor, si eres tú, invítame a venir." Jesús está tan emocionado cuando decimos eso. "Señor, yo quiero empezar a caminar en este viaje, esta aventura llamada fe." Se emociona con eso. Está ahí para conocerle y empezar a caminar con usted y entrenarle y enseñarle. Esa es forma del corazón de Dios el Padre. Utilizo este ejemplo: Si usted ha tenido hijos, cuando el niño comienza a dar los primeros pasos y cae, no se queda ahí y reprende a ese niño cómo inepto y estúpido. No, usted está excitado porque lo están intentando. Ahora, multiplique un billón de veces – ese es el corazón de Dios el Padre.

Encontrando los Caminos

Al iniciar esta caminata por la fe, Él se queda entusiasmado de que usted está tratando de entrar y ser como papá y convertirse en todo lo que dijo que podría ser. Ahora bien, ese es su corazón para usted ahora! Está sentado con la respiración contenida, diciendo, "¡Vamos! ¡Vamos! Puedes hacer esto. Toma mi Palabra y cree! Aplícalo y verás que puedes hacerlo!"

*Así dice el Señor: "paraos en los caminos y mirad y preguntad por los caminos antiguos, dónde está el buen camino, y caminad en él; Y hallaréis descanso para vuestras almas. Pero ellos dijeron, 'No caminaremos en él' (*Jeremías 6:16).

Esta es una de las primeras Escrituras que el Señor me dio que comenzó a darme una mayor penetración en traducción por la fe. Me tomo algunas investigaciones, sin embargo. En la superficie, usted mira a ese verso y consigue alguna penetración en la mente del Señor en este sentido. Sin embargo, cuando hice un estudio profundo del original hebreo, junté todos los significados de cada una de las palabras y los parafrasee, encontrando a este tesoro: *"esto es lo que dice el Señor. Paraos en el camino menos transitado y discernid. Procurad, pues el punto de fuga adecuadamente oculto que es eterno y perpetuo. Preguntad donde es el menos transitado y viajad y desapareced en él, y hallaréis descanso para vuestras almas."*

Lo primero que necesitamos hacer para caminar por estos senderos ancestrales es discernir dónde están! Tenemos que aprender a caminar en discernimiento. Es mucho lo que se publica en la iglesia de hoy, incluso las doctrinas de demonios, que si no tenemos un asa sólida en la Palabra de Dios – si no aprendemos a discernir entre el bien y el mal – podemos ser tomados. Entonces es imperativo que persigamos a Dios por discernimiento.

En segundo lugar, tenemos que pedirle a Dios creyendo que él quiere darnos lo que dijo que es nuestro. Entonces dijo: "Preguntad a donde está el camino menos trillado y viajad y desapareced en él".

Esta es la tercera llave: es un lugar de paz y descanso; No es un lugar de miedo o luchando con su propia fuerza y entendimiento; No es un lugar de ansiedad. Es un lugar de paz y descanso en Dios. Y así discernid, preguntad y creed, y viajad y desapareced y encontrad descanso.

Lección Numero Uno

Después de nueve meses de estudio, oración y ayuno, sentí que estaba listo para mi primera lección en la traducción por la fe. Le dije, "Señor, creo que estoy listo para mi primera lección"

Vivo en el estado de Washington y crecí en una pequeña ciudad al norte de Seattle nombre Edmonds. De vez en cuando vuelvo a Edmonds a visitar a familiares y amigos y también a Ministrar. En el momento de esta primera experiencia, estaba viviendo en Spokane, Washington, a 325 millas de Edmonds. En un buen día con tráfico normal, esto sería aproximadamente a cinco y medio a seis horas en coche.

En este día particular, viajaba con mi amigo a Spokane. Había compartido con él sobre esta aventura que estaba embarcando en con el Señor, y entonces le dije mañana debemos orar y pedirle al Señor que nos transporte a Spokane. Así, nos agarramos de las manos y oramos, "Señor." tradúcenos de Edmonds en Spokane

Ahora, lo que normalmente era un viaje de cinco y medio a seis horas nos tomó menos de dos horas. Durante el viaje yo recuerdo que pase por cada salida; Recuerdo estar conduciendo a través del paso de Snoqualmie y llegando a Ellensburg donde paramos para almorzar y para poner gas al coche! Recuerdo entrando en Spokane con incredulidad, preguntándome cómo el Señor había comprimido tiempo para llegar a nuestro destino en un período tan corto de tiempo!

¿Cómo funcionó eso? No sabía en el momento de cómo esto podría ser posible. Bueno, yo sé una cosa – Ezequías recibió más de 15 años y el reloj solar fue solo 10 grados hacia atrás, ¿no? (Véase Isaías 38). Así, Dios puede redimir y o comprimir el tiempo como él quiere. Él no está limitado por la velocidad de la luz. Cristiano, déjeme decirle algo – en el Reino del Espíritu, tampoco lo es usted! Está hecho a imagen de Dios.

Como un hijo o hija de Dios, no está limitado por las leyes naturales como querrían muchos a creer. El Señor puede y ha introducido una ley superior – la ley del Espíritu de vida en Jesús! Hace poco leí que físicos han tomado una partícula y la tradujeron o transportaron desde una ubicación a otra. Volumen y la masa son el siguiente obstáculo, pero su comprensión de la ciencia de eso es que es posible. Ya sabemos por la Palabra de Dios que es posible.

Así que mastiqué en esta experiencia durante seis meses en oración y estudio. Yo seguí pidiendo del Señor Dame iluminación en cuanto a cómo funciona esto. Ya sabía que era posible, habiéndolo experimentado. Sabía que los físicos comenzaban a tener un pequeño grado de éxito en esta área, así que no estaba bloqueado por la posibilidad. Lo que quería era saber cómo en orden a mejor transmitir lo que me estaba enseñando.

Me recordó a una visita que tuve hace algunos años donde me había dado un llavero con tres llaves. Una de las claves fue la clave de Isaías 22:22 – la llave de la casa de David lo que abre, ningún hombre puede cerrar y usted puede cerrar y nadie puede abrir. El Espíritu Santo me preguntó, "En dónde está la casa de David hoy?"

Le dije, "Bueno, Jerusalén"

Él dijo: "Dónde más?"

De inmediato, entendí! Jesús está sentado en el trono de David (ver Lucas 1:32). Le dije, "Bueno, es en el cielo".

Dijo, "Exactamente."

La segunda clave que me dio fue Lucas 11:52 – la llave del conocimiento o clave. La tercera llave fue las llaves del Reino. Fue una de las claves que era muy sencilla pero muy adornada; podría cambiar forma y tamaño en función de los desafíos del momento.

Entonces dijo: "Ahora, recuerda las llaves".

Le dije, "Sí, Señor."

Él dijo, "hay puertas o portales que has estado estudiando en la Escritura, y la forma de abrir las puertas y portales es utilizando una clave! Usa la llave!"

Hay sólo una manera de utilizar una llave espiritual – habla la Palabra!

La muerte del orgullo

Había estudiado puertas, portales, portones, ventanas, por-tales – todo si esta en la Palabra de Dios es mi deseo de entender la traducción. Todos ellos hablan de acceso (entrada o salida) en los Reinos en el Espíritu, así como su uso natural. Por ejemplo, una puerta es un portal o una entrada. Simboliza una transición lateral entrada y salida. Lateral significa partir de un punto a otro geográficamente. Una puerta simboliza la puerta o un portal que permite la entrada entre el visible e invisible Reino de Dios. Re-cuerde el paso anterior que examinamos antes en el capítulo 2:

En el año que murió el rey Ussía, vi al Señor sentado sobre un trono alto y exaltado, y el tren de su manto llenaban el templo. Sobre él estaba parado serafines; cada uno tenía seis alas: con dos cubrían el rostro, con dos cubrían sus pies y con dos volaban. Y uno gritó a otro y dijo: "Santo, Santo, Santo es el Señor de los ejércitos; toda la tierra está llena de su gloria". Los postes de la puerta fueron sacudi-dos por la voz del que gritaba y la casa se llenó de humo.

Así que le dije: "¡Ay de mí! Yo estoy desecho! Yo soy hom-bre de labios inmundos y yo habito en medio de un pueblo de labios inmundos; porque mis ojos han visto al rey, Je-hová de los ejércitos". Entonces uno de los serafines voló hacia mí, teniendo en su mano una brasa que había to-mado del altar con las tenazas. Y tocó mi boca y dijo: "he aquí, he tocado tus labios; tu iniquidad se ha quitado y se purgó tu pecado". También he oído la voz de Jehová, dici-endo: "a quién enviaré, y quién ira por nosotros?. Enton-ces respondí yo: Heme aquí, envíame a mí. Y dijo: Anda y di a este pueblo: Oíd bien, y no entendáis; ved por cierto, mas no comprendáis. (Isaías 6:1-9)

Uno de los muchos interrogantes que tuve al leer este pasaje de la Escritura fue: ¿por qué tuvo que morir el Rey Ussía en orden para Isaías ver al Señor? Mientras investigaba más profundo, volví al segundo libro de Crónicas 26:22, que describe la vida del rey Ussía. Encontramos que fue coronado rey a la edad de 16 años, en aquel momento era completamente dependiente de Dios, buscándole a él continuamente en esos primeros años de la sabiduría y la comprensión de cómo gobernar su pueblo. Debido a su reconocimiento del Señor y liderando a su gente a Dios, el Señor le llevó a prosperar en todos los aspectos de su vida.

En algún momento, el orgullo encontró un lugar en su corazón porque se creyó por encima de los mandamientos de Dios cuando él entró a ofrecer incienso para el Señor, en lugar de permitir al sacerdocio para hacerlo. Debido a su orgullo, fue golpeado con la lepra y permaneció en esa condición hasta el día que murió. Orgullo en su caso tuvo una manifestación exterior de la lepra. De la misma manera, he visto a menudo la causa de muchas aflicciones de quienes vienen por oración como la lepra en el Espíritu. Con esto en mente, podemos leer Isaías 6:1 de esta manera: "En el año que murió el orgullo, vi al Señor."

Verás, iglesia, tenemos que aprender que cuando Jesús dijo, "tome su cruz y sígame," eso es exactamente lo que quiere decir. Tenemos que abrazar la vida crucificada. No es suficiente decir, "Yo soy cristiano y voy al cielo". Gracias a Dios por el don gra-tuito, pero el Señor quiere más que eso! Está buscando carácter semejante a Cristo en cada uno de nosotros. Y eso significa que tenemos que hacer algo. Tenemos que elegir ser santificados y apartados. Tenemos que elegir a abrazar la vida crucificada, morir a los deseos carnales, a la carne y presionar hacia la plenitud de la promesa de Dios. La Palabra dice que podemos crecer en El en todas las cosas. Pero el problema es que nosotros no hemos cre-cido en El en cualquier cosa. ¿Por qué? Porque no hemos estado dispuestos a pagar el precio.

Acceso por la Humildad

Déjeme decirle que algunas de las otras obras que Jesús hizo, nosotros también podemos hacer. Jesús se hizo de ninguna reputación. Jesús fue injuriado y perseguido y todavía no hablaba una palabra detrás, y él no defendía. Jesús dejo la opulencia del cielo y vino a la tierra y tomando la forma de un siervo para que él pudiera ganar gente para que vuelvan al Cielo.

Ve, esas son las obras que hizo Jesús, pero no queremos emular eso! Queremos saltar a los milagros y al factor wow! Eso es orgullo. El verdadero camino de tener carácter como Cristo es primero aceptar que Jesús lo hizo, luego caminar en lo que Jesús hizo y luego convertirse en lo que Jesús dijo que somos. Jesús se crió en Nazaret. Nazaret literalmente significa "santificación, separación y coronación."2 Su vida entera– el foco entero del desarrollo de su carácter – estaba en un lugar llamado separación y santificación para que El pudiera ser coronado y liberado en su destino. Es el patrón de la vida de Jesús. Eso es lo que tenemos que aceptar.

Era esa la atmósfera en que Jesús se había criado aquí en la tierra y el camino que debemos tomar para ser como El. Así, en el año que murió el orgullo, vi al Señor sentado sobre el trono, alto y elevado y el tren de su manto llenaban el templo. Encima estaban parados serafines; cada uno tenía seis alas. Recuerden, el seis es el número del hombre, así que mira esto. Con dos se cubrió el rostro- humildad en la presencia de Dios. Con dos cubrió sus pies. Eso significa que mi andar tiene que ser cauto y santificado. Y significa que si camina con Dios, la gente verá el fruto de ello, pero es un asunto privado entre usted y Dios. Este es el proceso de convertirse. Entonces con dos el voló – se disparó.

Y uno gritó a otro y dijo: "Santo! Santo! Santo es el Señor de los ejércitos. Toda la tierra algún día va a estar llena de Su Gloria!" ¿Verdad? ¿Estás conmigo? ¿Eso es lo que dice la Palabra? ¡No! Dijo que toda la tierra está llena de Su Gloria ya. Si toda la tierra está llena de Su Gloria, ¿por qué estamos pidiendo a Dios para que suelte Su Gloria? ¿Por qué no compartir o participar en la gloria que ya está aquí? Porque no vemos y discernimos; Porque no entendemos. Ve, esa gloria – unción, realmente – lo que dice es que toda la tierra ya está llena del potencial de Dios para que nosotros podamos entrar.

Doctor Billie Brim, quien escribió el libro, la Sangre y la Gloria, solía viajar detrás de la cortina de hierro en la década de 1970, e iría a las iglesias subterráneas y llevar el Evangelio. Conoció a un marido y mujer allí que se convirtieron en amigos de ella. Como ella lo narra, este hombre durante años se traducía por sobre todo Rusia y predicaba el Evangelio.

Continuando, los serafines iban alrededor del trono gritando, "Santo! Santo! Santo es el Señor". Mi primer pensamiento de eso fue que era aburrido! A lo largo de toda la eternidad, tienen una función –de rodear el trono de Dios y clamar Santo! Santo! Santo! Santo! Santo! Santo! Santo! Pero sabes, literalmente, aquí está la mejor traducción. Van por el trono de Dios, y cada vez que dan vueltas, se van, "¡Wow! ¡Wow! ¡Oh! ¡Wow!" Porque cada vez que giran alrededor de Él ven una nueva faceta del carácter de Dios, que nunca han visto antes a lo largo de toda la eternidad. Usted y yo vamos a estar descubriendo a Dios por toda la eternidad.

Los postes de la puerta fueron sacudidos. Los postes de la puerta – Qué puerta? El portal – los pilares – literalmente, de este portal que le daba acceso desde la tierra al Cielo – fue sacudido por la voz del que gritaba y la casa se llenó de humo, o literalmente la Gloria de Dios. El humo habla de la Gloria de Dios; habla del incienso ante el trono de Dios, que es la oración de los Santos.

Así que aquí tenemos una foto de una puerta, un portal o un lugar de acceso al Cielo. La Palabra dice que Shiloh era un lugar que tenía el nombre de Dios en él, y la presencia de Dios estaba en ese lugar geográfico. La gente de esa generación sabía que si querían conectarse con o escuchar del Señor – si realmente desesperadamente necesitaban escuchar de Dios – una de las maneras que recibieron revelación de Dios era entrar en un lugar reservado como silo donde pasar algún tiempo y dormir y soñar para poder oír de Dios a través de un sueño o visión. Esa era su manera normal de comunicarse con Dios.

Lugares Delgados

Los primeros cristianos en Irlanda y Gales tenían un enten-dimiento que lugares como Shiloh fueron llamados un lugar fino donde el velo entre esta realidad y esa realidad era tan delgado que a través de la oración, santificación, intercesión y adoración el cielo era literalmente al alcance. Era fácil de conectar con el mundo espiritual por la atmósfera que se había creado.

El Espíritu Santo ha estado diciéndome por un número de años que esta generación está en un lugar muy delgado – un lugar donde el velo entre esta realidad y el Reino del Espíritu se está volviendo tan delgado es casi tangible, y literalmente seremos capaces de atravesar esa brecha por la fe e interactuar de manera como nunca hemos hecho antes.

Así que le dije: *"¡Ay de mí, que estoy deshecho! Porque soy un hombre de labios inmundos y habitando en medio de pueblo de labios inmundos; porque han visto mis ojos* (físicos) (vista es palabra que significa literalmente a ver, discernir, percibir, tienen una visión) al Rey, *Jehová de los ejércitos "*(Isaías 6:5)

Bueno, ¡espere un momento! Nadie puede ver a Dios y vivir. La verdad es que algo ha muerto. "En el año que murió orgullo, vi..." La carne nunca va a ser capaz de interactuar con lo que es santo, pero cuando muere la carne podemos entrar. Donde muere el orgullo, podemos conectar. Un principio básico cristiano es abrazar la vida crucificada – estoy muerto y ya no vivo, pero Cristo vive en mí!

Cuando un profeta pronunciaba una aflicción, eso significaba que se hizo, fue fijado en piedra. Juicio ha llegado. No hay ningún revertir de esto. Para que un profeta pronuncie un Ay sobre sí mismo es extraordinario. Algo pasó en Isaías que le llevó a darse cuenta de su condición a la luz de la persona y la presencia de Dios. Cuando él entró en este lugar de revelación, cuando vio al orgullo morir en la medida en que lo hizo y vino la revelación de Dios, se dio cuenta de lo malo que era.

Esta realización de su inmundicia fue articulada en su boca – lo que él habló! (Palabras son llaves). La Palabra dice que de la abundancia del corazón habla la boca (véase a Mateo 12:34). Y él dijo: "Soy un hombre de labios inmundos. Estoy deshecho".

Entonces uno de los serafines voló hacia mí, teniendo en su mano una brasa que había tomado del altar con las tenazas. Y tocó mi boca y dijo: "he aquí, esto ha tocado tus labios; quito su iniquidad, y purgó su pecado" (Isaías 6:6-7)

Mira aquí la progresión. Orgullo muere, hay una revelación de su verdadera condición espiritual e Isaías entendió su condición espiritual, hay una transacción que se lleva a cabo cuando Dios hace expiación, limpia y elimina aquellas cosas que nos han impedido de entrar en la plenitud de su promesa.

En este momento Isaías ahora ha entrado en y tiene acceso a la Sala del Trono de Dios. Puede imaginar la maravilla de ver Al Señor de la Gloria y la actividad en el Salón del Trono. Él debe haber estado absolutamente asombrado y superado con asombro.

Mientras estaba parado ahí, el escucho una conversación: *"oí la voz del Señor diciendo, ' ¿quién enviaré, y quién irá por nosotros?"* (Isaías. 6:8).

Verás, nunca hubiera oído esto él si no hubiera tenido una experiencia donde *murió el orgullo*, su pecado fue expiado y purgado y se completó el proceso de santificación y fue llevado a la Sala del Trono de Dios. Su perspectiva había cambiado! Él estaba oyendo acerca de las estrategias que se están formadas en el Cielo para la tierra, y tuvo una ligera visión del gobierno de Dios en acción. Vio las cosas desde la perspectiva de Dios!

Y el Señor dijo esto: *"a quien he de enviar y quién irá por nosotros?"*

La palabra ir en hebreo es yalak. Esta es la misma palabra usada en Jeremías 6:16 – yalak – que significa desaparecer.' El Señor estaba diciendo: *"¿Quién va a viajar y desvanecer para nosotros?"*

Isaías, que estaba parado allí y escuchaba esta conversación, dijo: "Bueno, aquí estoy; Envíame". Y el Señor se volvió hacia él y le dijo: "Viaja y desaparece y di a este pueblo".

Si Isaías nunca había sido enterados de esa conversación, nunca habríamos tenido la oportunidad de esa experiencia sobrenatural, si no fue que el orgullo había muerto; que fue purgado y purificado y expiado; que le dio acceso al Trono de Dios y a escuchar lo que estaba pasando en el Cielo para poder interactuar con el Señor, hacerse voluntario y recibir una Comisión de Dios. ¿Estás viendo esto? Jesús lo dijo de esta manera – esto es otra promesa que te pertenece porque Él dijo que puedes también hacer las cosas que El hizo (ver Juan 14:12).

Él dijo: "Sólo hago lo que veo al Padre haciendo" (ver Juan 5:19). ¿Está tomando esto? Una clave para caminar en lo sobrenatural es darse cuenta de que usted tiene acceso a ese Reino y tienes un pacto de nuevo nacimiento por lo que es capaz de ver lo que el Padre está haciendo, oír las estrategias del Cielo y entrar y participar en lo que Él está haciendo en la tierra hoy.

Una Novia para Isaac

¿Cómo empezamos a caminar e interactuar con el Cielo de esta manera? Abrazamos la vida crucificada. No es tan difícil como suena, porque Dios siempre ha dicho que El cambiará su fuerza por la falta de fuerza (ver Isaías. 40:29). Los que esperan a Jehová tendrán nuevas fuerzas"(Isaías 40 KJV). *"Los que esperan en el Señor tendrán nuevas fuerzas"*. Así que aquí está la clave: Si usted está dispuesto, Dios será su "poder". Si hace la elección, Dios hará el cambio, porque no somos capaces en nuestras propias fuerzas de entrar en la plenitud de la promesa de Dios. Así que tiene que ser la liberación del cumplimiento del Pacto, y el pacto es que – mi fuerza para su fuerza; Mis recursos para su falta; Mi comprensión y sabiduría para tu falta de conocimiento y sabiduría.

Ahora Abraham era viejo, muy avanzado en edad; y Jehová había bendecido a Abraham en todas las cosas. Abraham dijo al siervo más viejo (Eleazar, "ayudante o Consolador") de su casa, que gobernaba en todo lo que tenía, "por favor, pon tu mano debajo de mi muslo, y te haré que jures por el Señor, el Dios del Cielo y el Dios de la tierra, que no tomarás esposa para mi hijo de las hijas de los cananeos , entre los cuales yo habito; Pero te irás (yalak: viaje y desaparecer) a mi país y a mi familia y tomaras una esposa para mi hijo Isaac. "

Y el siervo le dijo: "tal vez la mujer no estará dispuesta a seguirme (yalak: viaje y desaparecer) a esta tierra. Debo llevar a tu hijo de vuelta a la tierra de la que has venido?"

Pero Abraham le dijo: "Cuidado con que no te lleves a mi hijo allá. Jehová, el Dios del Cielo, que me llevó de la casa de mi padre y de la tierra de mi familia, y que me habló y me juró, diciendo: 'a sus descendientes' Yo doy esta tierra, "El enviará su ángel antes de ti, y tu llevarás una esposa para mi hijo de allí. Y si la mujer no está dispuesta a seguir (yalak: viaje y desaparecen), entonces serás liberado de este juramento; Sólo no lleves a mi hijo allá." Entonces el criado puso su mano debajo del muslo de Abraham su Señor y juró lo concerniente a este asunto.

Entonces el criado tomó diez camellos de su amo y partieron (yalak: viaje y desaparecen), porque todos los bienes de su amo estaban en su mano. Y él se levantó y fue a Mesopotamia, a la ciudad de Nacor. Y él puso a sus camellos de rodillas fuera de la ciudad junto a un pozo de agua en el tiempo de la tarde, el tiempo cuando las mujeres salen para sacar el agua. Entonces él dijo: "Oh Jehová Dios de mi Señor Abraham, por favor dame éxito este día y muestra tu bondad a mi Señor Abraham. He aquí, estoy aquí por el pozo de agua, y las hijas de los hombres de la ciudad salen para sacar el agua. Ya sea que la joven a quien le digo, 'Por favor deje a su cántaro para que yo pueda beber', y ella dice, 'beba y también daré a sus camellos una bebida'—Deja que sea ella la que has designado para tu siervo Isaac. Y por esto sabré que has mostrado bondad a mi amo."

Y sucedió, antes de que había terminado de hablar, he aquí, Rebeca, quien nació a Betuel, hijo de Milca, la esposa de Nacor, hermano de Abraham, salió con su cántaro sobre su hombro. Ahora la joven era muy hermosa a la vista, una virgen; ningún hombre había conocido. Y ella descendió al pozo, llenó su cántaro y subió. Y el siervo corrió a encontrarse con ella y dijo: "Déjame beber un poco de agua de tu cántaro".

Entonces dijo: "Bebe, mi Señor." Entonces rápidamente dejó su cántaro a su mano y le dio un trago. Y cuando ella terminó dándole un trago, ella dijo, "sacaré agua para tus camellos también, hasta que hayan terminado de beber." Entonces rápidamente vació su cántaro en el abrevadero, volvió corriendo al pozo para sacar el agua y sacó para todos sus camellos. Y el hombre, pensando en ella, permaneció en silencio con el fin de saber si el Señor había hecho su viaje próspero o no.

¿Así fue, cuando los camellos habían terminado de beber, que el hombre tomó un anillo de nariz de oro pesa medio siclo y dos pulseras para las muñecas peso de diez siclos de oro y dijo, "cuya hija eres? Dime, por favor, ¿hay espacio en casa de tu padre para nosotros posar?"

Así me dijo ella, "Yo soy la hija de Betuel, hijo de Milca, quien dio a luz a Nacor." Además dijo, "tenemos ambos paja y forraje suficiente y lugar para alojarse."

Entonces el hombre se inclinó su cabeza y adoraron al Señor. Y él dijo: "Bendito sea el Dios de mi Señor Abraham, que no ha abandonado su misericordia y su verdad hacia mi maestro. En cuanto a mí, en el camino, el Señor me llevó a la casa de los hermanos de mi amo." Así que la joven corrió y dijo estas cosas a casa de su madre.

Rebeca tenía un hermano que se llamaba Labán, y La-ban salió corriendo al hombre por el pozo. Así sucedió, cuando vio el anillo en la nariz y las pulseras en las mu-ñecas de su hermana, y cuando escuchó las palabras de su hermana Rebeca, diciendo: "Así el hombre me habló," fue para el hombre. Y allí estaba por los camellos en el pozo.

Y dijo: "entra, Oh bendito del Señor! ¿Por qué es-táis fuera? Porque he preparado la casa y un lugar para los camellos."

El hombre llegó a la casa. Y descargo los camellos y pro-porciono paja y alimento para los camellos y agua para lavar sus pies y los pies de los hombres que estaban con él. Le pusieron alimentos delante de él para comer, pero él dijo: "No comeré hasta que he contado sobre mi misión".

Y él le dijo: "habla".

Entonces él dijo: "Yo soy criado de Abraham. El Señor ha bendecido enormemente a mi amo, y se ha engrandecido; y le ha dado rebaños y manadas, plata y oro, siervos masculinos y femeninos y camellos y asnos. Y esposa Sarah mi maestra dio a luz a un hijo a mi maestro cuando era vieja; y le ha dado todo lo que tiene. Ahora mi amo me hizo jurar, diciendo: 'uno llevarás una esposa para mi hijo de las hijas de los cananeos, en cuya tierra yo habito; Pero deberás ir a casa de mi padre y a mi familia y tomaras una esposa para mi hijo.' Y le dije a mi maestro, "tal vez la mujer no va a seguirme (yalak: viaje y desaparecen).' Pero él me decía, 'el Señor, ante quien yo camino, enviará su ángel contigo y prosperarás en tu camino; y llevarás a una esposa para mi hijo de mi familia y de la casa de mi padre. Tu serás libre de este juramento cuando hayas llegado a mi familia; y si ellos no te la dan a ti, entonces serás liberado de mi juramento.' "Y este día llegué al pozo y dije: Señor, Dios de mi señor Abraham, si tu prosperas ahora el camino por el cual ando, he aquí estoy junto a la Fuente de agua; sea pues que la doncella que saliera por agua, a la cual dijere: Dame de beber te ruego de tu cántaro de agua, y ella me respondiere: Bebe tú y también para tus camellos sacare agua; sea esta la mujer que el Señor destino para el hijo de mi señor. Antes que acabase de hablar en mi Corazón, he aquí Rebeca, que salía con su cántaro en su hombro; y descendió a la Fuente y saco agua; y le dije: Te ruego que me des a beber. Y bajo prontamente el cántaro de si, y dijo: Bebe, y también a tus camellos daré de beber. Y bebí, y dio también de beber a mis camellos. Entonces le pregunte, y dije: de quien eres hija? Y ella respondió; hija de Betuel, hijo de Nacor, que Milca le dio a luz. Entonces le puse un pendiente en su nariz, y braceletes en sus brazos; y me incline y adore al Señor, y bendije a Jehová Dios de mi señor Abraham que me había guiado por camino de verdad para tomar la hija del hermano de mi señor para su hijo. Ahora pues si vosotros hacéis misericordia con mi señor, declarádmelo; y si no, declarádmelo; y me iré a la diestra o a la siniestra.

Entonces Labán y Betuel respondieron y dijeron: "la cosa viene de Jehová; No podemos hablar mal o bien. Aquí está Rebeca antes llevadla e id (yalak: viaje y desaparece) y que sea la esposa del hijo de tu señor, según ha dicho Jehová."

Y aconteció que cuando el criado de Abraham oyó sus palabras, él mismo se inclinó a la tierra para adorar a Je-hová. Entonces el criado sacó joyas de plata, joyas de oro y ropa y se las dio a Rebeca. También dio cosas preciosas a su hermano y a su madre. Y él y los hombres que es-taban con él comieron y bebieron toda la noche. Luego se presentaron en la mañana, y dijo: "Enviadme a mi amo."

Pero su hermano y su madre dijo: "deja a la joven que-darse con nosotros unos días, por lo menos diez; después ella puede ir."

Y él dijo, "no me obstaculicéis, ya que Jehová ha pros-perado mi camino; Envíame así puedo ir a mi maestro". Así que me dijeron, "llamemos a la joven mujer y pregun-témosle personalmente." ¿Luego llamaron a Rebeca y le dijo: "Iras (yalak: viaje y desaparecer) con este hombre"?

Y ella dijo: "voy a ir (yalak: viaje y desaparecer)" (Génesis 24:1-57)

En este pasaje de las Escrituras, Abraham es un tipo de Dios el Padre. Su siervo no era nombrado aquí, pero es nombrado anteriormente en el capítulo 15. Eleazar es un tipo del Espíritu Santo. Eleazar literalmente significa "consolador o ayudante".3 Isaac, como usted sabe, es un tipo de Jesús.

Abraham era viejo, muy avanzado en edad, y el Señor había bendecido a Abraham en todas las cosas. Abraham dijo a su siervo más viejo, Eleazar, quien gobernó sobre todo, que entrara en pacto con él que él encontraría a una novia para su hijo, Isaac.

No Retornando

Es el corazón de siervo que tiene reglas sobre todo lo que posee el Padre. Esta es una clave. Es un sirviente – un siervo – que es liberado para administrar todo lo que Dios tiene, no sólo una parte. Abraham dijo al siervo más viejo de su casa que gobernó sobre todo lo que tenía, "por favor, pon tu mano debajo de mi muslo, y voy a hacerte jurar – vamos a entrar un pacto por el Señor, el Dios del cielo y el Dios de la tierra – que no tomarás esposa para mi hijo de las hijas de los cananeos entre quienes yo habito Pero hará yalak – viajar y desaparecer – a mi país y a mi familia y tener una esposa para mi hijo, Isaac. "

Y entonces el criado dijo con él, "tal vez la mujer no viaje y desaparezca conmigo a este muchacho – tal vez ella no hará yalak conmigo. Debo tomar a tu hijo a la tierra de la que has venido?"

Bueno, sabemos que Jesús no va a ser crucificado otra vez, ¿verdad? Y Abraham dijo: "absolutamente no. Ten cuidado que no te lleves a mi hijo allá. Él no va a volver. La novia viene a Él. El Señor Dios del Cielo que me llevó de la casa de mi padre y de la tierra de mi familia y que me habló y me juro a mí diciendo, "a ti y a tus descendientes doy esta tierra," él enviará su ángel antes de ti y tu llevarás una esposa para mi hijo de allí. Y si la mujer no está dispuesta a viajar y desaparecer, entonces serás liberado de este juramento; Sólo no lleves a mi hijo.

Ahora, esto es interesante. En Génesis 22, Dios puso a prueba la fe de Abraham. Eso fue en el tercer día, la prueba fue: "Abraham, amas al Dios de la promesa más que la promesa de Dios?" Isaac era la promesa de Dios para la vida de Abraham y Sarah. Él era el pacto que Dios había hecho. Dijo que a través de su semilla. Lo que la mayoría no sabe es que Isaac era de 30 a 33 años de edad en el momento cuando él lo tomó y lo había ofrecido en el Monte Moriah, el mismo lugar donde Jesús fue crucificado. Se dice que Abraham regresó, pero no se dice que Isaac volvió hacia abajo. El lugar siguiente que oímos hablar de Isaac es cuando se encuentra con su novia. Jesús ha estado fuera durante dos días. Salió y el lugar siguiente en que vamos a verlo es cuando la Novia y el Novio se unen. Esta es una foto del Evangelio en estos pocos capítulos aquí.

"Entonces el criado puso su mano debajo del muslo de Abraham su señor y juró por lo concerniente a este asunto (e hizo un pacto con él). Entonces el criado tomó diez camellos de su amo y partieron". Ahora, diez de las Escrituras, en la numerología bíblica, es el número de pruebas. Así podemos ver esto y decir, bueno, diez camellos – estos son los camellos que van a utilizar para probar algo.

Todos los bienes de su amo estaban en sus manos, y él se presentó y viajó y desapareció a la Mesopotamia, la ciudad de Nacor. Y él puso sus camellos de rodillas fuera de la ciudad junto a un pozo de agua en el tiempo de la tarde – el tiempo cuando las mujeres vienen y sacan el agua.

Ahora, esto es interesante. Se llama el pozo de Lati Roi, que literalmente significa "el pozo del viviente que me ve," o "el pozo de su presencia". Sabemos que a menudo agua habla de la Palabra de Dios, así como el Espíritu Santo, entonces "el pozo del viviente quien me ve" habla de absorber profundamente del Río de Aguas Vivas dentro de nosotros.

Arriba y Más Allá

Hizo arrodillar a sus camellos, y luego dijo:

"Oh Jehová Dios de mi señor Abraham, por favor dame éxito este día y muestra la bondad a mi señor Abraham. He aquí, estoy por el pozo de agua, y las hijas de los hombres de la ciudad salen para sacar el agua. Ya sea que la joven a quien le digo, ‹Por favor deje a su cántaro para que pueda beber›, y ella dice, ‹bebe y también daré a sus camellos una bebida›--Deja que sea la que has designado para tu siervo Isaac. Y por esto sabré que has mostrado bondad a mi amo" (Génesis 24:12-14)

Ahora, quiero que entienda esto. Eleazar viene a "el pozo del viviente que me ve." Eleazar es un tipo del Espíritu Santo. Está buscando algo en esta persona de pacto, esta familia de Abraham. Lo que está buscando es un corazón de siervo – esclavo. Orgullo ha muerto! La humildad es evidente.

La verdad es que en esta "fuente del Viviente que me ve" usted sólo puede volcar afuera lo que ha puesto en su vasija. Tiene que sacar agua o esta Palabra del pozo para que usted lo pueda ingerir.

Y sucedió, antes de que había terminado de hablar, he aquí, Rebeca, que había nacido a Betuel, hijo de Milca, la esposa de Nacor, hermano de Abraham, salió con su cántaro sobre su hombro (Génesis 24:15).

Eso es interesante. Lo llevaban en el hombro derecho, y el hombro derecho habla del gobierno divino. Ver otra vez, el cántaro es una jarra de arcilla – esto es simbólico de la carne. Así que lo que tenemos es una vasija de barro que contiene agua sentado en un asiento del gobierno divino, y la mano derecha habla de mayor bendición. Ella sale a tomar el agua. El criado corrió a conocerla. En el versículo 17 dice: "Por favor Déjeme beber un poco de su lanzador". Ella dijo: "bebe, mi señor. Y rápidamente dejó su cántaro a su mano y le dio un trago.

Rápidamente ella dependía del Espíritu Santo. Corazón de su siervo era evidente en su respuesta inmediata a una necesidad.

Ella no tenía miedo de lo que puede parecer. Ella no tenía miedo de lo que diga la gente – esta mujer habla a este hombre extraño que nunca había conocido. Era rápida y obediente porque ella tenía un corazón de siervo.

Y cuando ella terminó de darle un trago, ella dijo, "sacaré agua para tus camellos también, hasta que hayan terminado de beber." Entonces rápidamente vació su cántaro en el abrevadero, volvió corriendo al pozo para sacar el agua y sacó para todos sus camellos (Génesis 24:19-20).

Ahora escuche. Podríamos pensar, bueno, ella tiró unas jarras de agua para los camellos. Los camellos pueden tomar de 180 a 360 galones de agua cada uno. Sólo habían llegado a través de 590 millas de desierto. Estaban sedientos! Y Ella tenía diez camellos sedientos que querían agua! Haz los cálculos! No estamos hablando cinco minutos de trabajo aquí. Estamos hablando de alguien que, por su corazón de siervo, estaba dispuesto a ir hasta el final y hacer lo necesario para ver que el desafío cumplía.

Aprobando el Examen

Mayoría de la gente en el Reino de Dios está dispuesta a ir a medio camino o parte del camino, pero pocos están dispuestos a correr y seguir hasta que termine el curso. ¿Me oye? No es pasión por un momento – es una pasión para toda la vida. Quiero decirle que la palabra dice que estamos en una carrera. Yo solía ser un corredor de larga distancia. Corrí una milla y las dos, y después de ejecutar todas las vueltas – cuando yo estaba a una vuelta y una mitad de la vuelta de afuera – allí estaba la línea de meta. Pude verlo. Tuve que cavar muy profundo y tuve que poner en la Carrera hasta el último gramo de fuerza que no sabía que tenía, allí estaba la línea de meta y yo iba para ella.

Quiero decirte, iglesia – la línea de meta está a la vista hoy en día. Debemos cavar profundamente en el pozo de su presencia. Tenemos que profundizar, y tenemos que continuar con todo lo que está en nosotros para lograr y alcanzar la plenitud de la promesa de Dios, porque está a la vista. Parte de ello es esta experiencia en traducción, pero tienes que abrazar la vida crucificada. Tienes que tener un corazón de siervo.

Ahora, ¿estos camellos a que se parecen? Déjeme decirle, ella atraía profundamente desde "el pozo del viviente que me ve, el pozo de Su Presencia." El primer camello era el camello de la enfermedad y ella tomó esta jarra de agua y sacó del pozo de su presencia y ella derramó – por las heridas de Jesús que estaba curado (ver 1ª Pedro 2:24). Y ella me sirvió hasta que ese camello estaba satisfecho y completo, y obtuvo la victoria – que pasó la prueba.

El siguiente era el camello de carencia y sacó agua del pozo de Su Presencia – *mi Dios suple todas mis necesidades conforme a sus riquezas en gloria en Cristo Jesús* (véase Phil 4:19). Seguía vertiendo del agua del pozo de Su Presencia, posiblemente hasta 360 galones, hasta que ese camello estaba satisfecho y lleno.

Con los diez de estos camellos, ella se aseguró de que estaban satisfechos en el agua de la Palabra, el Agua del Pozo de Su presencia y al hacerlo se encontró con el desafío de la prueba que estaba delante de ella. Aquí está nuestro ejemplo para todas las pruebas y ensayos que viene a nuestro camino! ¿Cómo vertemos la Palabra de Dios de la Fuente de su Presencia dentro de nosotros? Lo hablamos y lo soltamos para que logre lo que Él dijo que lo haría. Y si tenemos que hacerlo 100 veces o 360 veces, hable Su Palabra, ustedes son gente de la Palabra.

Servicio puro

El hombre Eleazar permaneció en silencio, pensando en ella, para saber si el Señor había hecho su viaje próspero. ¿Tiene alguna vez esos pases en su vida donde parece como si el cielo está tranquilo y no se puede penetrar – que no estás escuchando nada? Inmediatamente, comienza a cuestionar si usted lo hizo enojar al Señor, si hay pecado en su vida, y en los momentos de más pruebas puede preguntarse si usted ni siquiera esta salvo. A veces el Espíritu Santo está mirando a su respuesta a la prueba que está delante de usted. Sólo le está observando su respuesta

– no le ha dejado! Ahí está! Hay una expectativa celestial revoloteando sobre usted, anticipando la victoria mientras que usted cava adelante de la abundancia del depósito que se ha colocado dentro de usted – el agua del pozo de Su Presencia. El Señor anticipa victoria! Nunca derrota! Todas las pruebas en su vida es para el propósito de obtener otra victoria y emulando nuestro precursor de Jesús!

Eleazar permanece en silencio.

Así fue, cuando los camellos habían terminado de beber, que el hombre tomó un anillo de nariz de oro pesa medio siclo, y dos pulseras para las muñecas peso de diez siclos de oro (el número de pruebas) y dijo, "de quien hija eres?" (Génesis 24:22-23).

La nariz habla de discernimiento. Oro simboliza la pureza, santidad y el temor de Dios. Lo que estaba diciendo era que hay una pureza de discernimiento sobre el corazón de este siervo, y ahora, porque ella ha pasado la prueba, es promovida al siguiente nivel de pureza, santidad y el temor de Jehová en su capacidad de discernir.

Le puso oro en sus manos; las manos hablan de servicio – pureza de servicio con un corazón puro. Con discernimiento puro, con pasión ella sirvió y había saciado los camellos y conoció la prueba y ella pasó y superó y había una recompensa.

Echemos un vistazo hacia abajo a donde él reitera:

"Ahora si se ocupará amablemente y verdaderamente con mi maestro, dígame. Y si no, dígame, para que yo pueda girar a la derecha o hacia la izquierda." Entonces Labán y Betuel respondieron y dijeron: *"la cosa viene de Jehová; No podemos hablar que mal o bien. Aquí esta Rebeca antes Llévala e id y déjala ser esposa del hijo de tu Señor, como el Señor ha hablado".* (Génesis 24:49-51).

Luego dio cosas preciosas a su hermano y su madre, y él y los hombres comieron y bebieron toda la noche. Al día siguiente, su madre y su hermano dijeron: "Deja a la joven quedarse con nosotros por unos días por lo menos diez" (Gen.25:55).

Y Eleazar, el siervo dijo, *"no me impida, dado que el Señor prosperó mi camino. Envíame así puedo ir (viaje y desaparecer) a mi maestro".* Así que decidieron, *"llama a la joven y pregúntale personalmente"* (Gen.24:56-57).

Ahora recuerde – pureza de discernimiento, pureza de servicio, un corazón de siervo. Entonces llamaron a Rebeca y le dijo: "viajaras y desaparecerás con este hombre?" Y ella dijo, *"viajare y desapareceré."* Así que la enviaron lejos (véase Gen.24:58).

Ahora, le he dado algunas claves. Hay innumerables cosas aquí que podría enseñarle sobre hebreo que habla sobre de lo que he estado hablando – traducción por la fe. Allí hay algunas cosas claves que necesitamos entender. Tenemos que adoptar una vida crucificada. Tenemos que permitir a Dios purificar nuestros motivos, para purificar nuestra conversación y para tratar temas que no hemos abordado. Tenemos que tener un corazón de siervo – no sólo un sirviente – pero un siervo – darse cuenta de que todo lo que tenemos en esta vida no es nuestro; somos mayordomos porque todo le pertenece a Él. Incluso los dones y el llamamiento en su vida – especialmente sobre eso– es un administrador. No es vuestro Ministerio; es Su ministerio sobre el que Él le ha dado una mayordomía. No es vuestro don; es el regalo que permite administrar y utilizar. No es vuestro talento, es Su talento y El espera una ganancia. Usted debe de administrar todo aquello con lo que EL lo ha engraciado.

El no hace acepción de personas. Cuando usted entiende estas promesas – incluso la aventura de la traducción por la fe

– le pertenecen a usted, entonces usted puede perseguirlo a Él por ellos, y lo que recibirá. Si usted está dispuesto, Él es capaz; Si hace la elección, El hará el cambio. Todo es posible para aquellos que creen! Ahora, tengo que decir esto, "Si cree con 500 kilos de fe cuando sólo tiene una onza." Dice que con cualquier cantidad de fe que tiene crea. (Ver Romanos 2:3). Eso es lo que Él está buscando. No estoy hablando de los niveles y las medidas de fe. Sinceramente, ¿cuánta fe tenía Lázaro? ¡Nada! Estaba muerto y enterrado. Pero Jesús tenía fe. Dios el Padre y Dios el Hijo se reunirán con usted dondequiera que este su punto de fe, y le llevarán de ese lugar en su viaje.

El Segundo Cielo

Déjeme continuar con otra experiencia y lección en la traducción por la fe que el Señor me dio. Un año después de la experiencia de conducción desde Seattle a Spokane, después de mucho más estudio, oración, ayuno y comprender un poco más acerca de los cómo y los porqués de la traducción, le dije, "bueno, Señor. Estoy listo para la siguiente lección".

Poco sabia! Yo estaba en mi cuarto adorando a Dios, y de repente sentí esta aspiración. Cuando abrí mis ojos estaba parado en las estrellas. Ya sea en el cuerpo o fuera del cuerpo, no puedo decirle solo sé que estaba experimentando algo sobrenatural y que era tangiblemente real.

La primera cosa que noté fue que las estrellas estaban cantando alabanzas a Dios. Están vivas y vibrantes! Fue una asombrosa revelación la plena realización de la verdad de la Palabra que toda la creación canta alabanzas a Dios!

Después de algún tiempo (mala elección de palabras como el tiempo es insignificante durante una experiencia como esta), comprendo que no podía ver la tierra o la luna. Nada estaba familiarizado. Hubo sólo esta inmensidad del universo con la creación cantando alabanzas a Dios.

Mientras yo estaba contemplando ese descubrimiento, de repente vi en la distancia a mi derecha lo que parecía ser una puerta suspendida en la inmensidad del espacio. Me di cuenta que estaba abierta porque una luz blanca brillante brillaba a través de la abertura, por lo que pareciera un umbral de luz.

Oí la voz de la palabra del Señor decir, "¡adelante!

¿Mi primer pensamiento fue, "adelante? ¿Cómo hago eso?" Yo sabía lo suficiente como para tomar por lo menos un paso de fe, entonces en cuanto pensé en moverme hacia la puerta, instantáneamente me moví atreves de la puerta. Me encontré en un frente de pequeña oficina que estaba vacía. Inmediatamente, me vino un "conocimiento" del Espíritu de Dios que estaba en Sydney, Australia. (Desde entonces he estado allí y he encontrado la zona a donde fui traducido.)

El sol estaba saliendo. Era muy temprano un sábado por la mañana, así que no había tráfico en la calle afuera. Mientras miraba alrededor de la oficina, detrás de mí noté una puerta para el baño. Había una alfombra gris en el suelo que había sido desgarrada con el tiempo, y me di cuenta de las marcas con cinta de electricista donde habían estado los escritorios.

Le dije, "¡Wow! Eso está bueno, Señor; Siempre quise visitar Australia!"

Cuando volví al frente de la oficina, hacia las ventanas en la calle a la derecha y una fachada de mármol gris con vidrios polarizados del edificio a la izquierda, con la calle vacía en frente.

Le dije, "Señor, esto es genial", y me dirigí hacia la puerta con el pensamiento de un poco de Turismo en mente.

"No, esa es la lección; Ahora vuelve," El habló audiblemente.

No hace falta decirlo, estaba un poco decepcionado, pero ahora me encontré con otro dilema: ¿Cómo vuelvo? Otra vez, sabía lo suficiente como para dar un paso de fe cuando oí del Señor, así me trasladé hacia la puerta del baño, y cuando pasé por esa puerta estaba en mi habitación en casa.

Ahora, yo oraba y masticaba en esa experiencia por más de un año. Dije: "Padre, cómo funciona esto?"

Él dijo: "Recuerdas las llaves?"

"Sí, Señor"

¿"Que abren las llaves"?

"Las puertas"

Le dije, "Bueno". Entonces le pregunté, "Qué pasa cuando Pablo fue cogido para arriba en el tercer Cielo?"

Él dijo, "Esa es una puerta diferente y esa es una clave diferente".

Le pregunté, "Padre, ¿cuál era la importancia de estar en las estrellas?"

Él dijo, "Haz un estudio histórico".

Así que le pregunté, "Señor, dónde empiezo?"

Me llevo de vuelta al antiguo testamento Pseudepigrapha. Esta es una combinación de libros que nunca llegó al canon de escritura, incluyendo los libros de Enoc.

El Señor me instruyó a leer los libros de Enoc, así que he leído los libros de Enoc. Estaba absolutamente pasmado al ver que Enoc tenía un entendimiento del evangelio desde el Génesis hasta el Apocalipsis. Él incluso es citado en varios lugares a lo largo de la Biblia.

Una de las cosas que descubrí fue que Enoc caminaba con Dios y que fue llevado a las estrellas y vio las entradas y las puertas del Cielo! Me quedé fascinado.

Le dije, "Bueno, Señor, ¿cómo puedo unir eso con la Palabra de Dios y lo que podemos experimentar hoy? Porque esto es una forma más allá de lo común."

Él dijo, "Es muy fácil. Se llama el segundo cielo". ¡Entiendo! Para llegar desde el primer cielo (donde residimos) al tercer cielo donde Jesús está, se pasa por el segundo cielo donde vi a la puerta. El segundo cielo es el dominio de los ángeles caídos demoníacos. El tercer cielo es el Reino de Dios.

Desde ese momento, el Señor comenzó a llevarme en viajes al Reino del Espíritu, mostrándome cómo funciona realmente la traducción por la fe. Una de las claves que hemos discutidos antes, Isaías 22:22, es un ejemplo. Tu abres lo que ningún hombre puede cerrar al hablar o declar la fe!

La aventura le espera a cada hijo de Dios que se atreve a creer que es cierto lo que dice su Palabra! Podemos y vamos a caminar como seres sobrenaturales en un mundo natural con libre acceso a todo lo que la sangre de Jesús ha puesto a disposición para nosotros.

¿Toma la decisión, -El hará el cambio?

Se queda dispuesto – El será su habilidad!

Notas Finales

1.   Paula A. Price, Diccionario de Profeta (New Kensington, PA: Whitaker House, 2006), 232.

2.   Roswell D. Hitchcock, Nuevo y Completo Análisis de Hitchcock, Nazareth.

3.   Ibid., Eleazar.

CAPITULO NUEVE

La Gloria a Dentro

Señor, te ruego que actives esta palabra en la vida de cada persona que está escuchando esto. Y te agradezco, Señor, que nos has elegido como un sacerdocio real al final de la edad, Padre, para manifestar la bondad, la misericordia, la salvación de Dios a través de las Naciones. Y a medida que nosotros participamos de esta palabra, podamos llenarnos a rebosar, no sólo con la Palabra, pero con la revelación de Tu Palabra que suelta vida. Te ruego, Padre, que actives lo angelical en la vida de las personas leyendo esto. Suéltalos, Padre, para que lleven a cabo aquello por lo les has enviado. Te alabo, Padre. Otra cosa, Señor – lo más importante – aplicamos la sangre de Jesús sobre cada individuo leyendo este libro y estas palabras. Esta es la semilla que no será arrebatada, en nombre de Jesús. Amén.

Voy a empezar con Romanos 13:14. Es una escritura familiar para muchos de nosotros. Muchos de nosotros probablemente la hemos citado, y sin embargo hay un significado en esta escritura particular que es importante para nosotros entender ahora. Este versículo dice: *"Pero vosotros vestíos del Señor Jesucristo y no hagáis ninguna provisión para cumplir los deseos de la carne"* (Romanos 13:14 KV).

179

La palabra vestíos vosotros es la palabra griega endueo.1 es la misma palabra griega usada cuando dice que el Espíritu Santo vendrá sobre ti y serás dotado (endueo) con poder de lo alto. Que significa ""ser vestido con en el sentido de que se hunde en una prenda de vestir". Déjeme darle la imagen de la palabra que crea. Es como los niños que un día deciden que quieren vestirse como mami y papi y así se pusieron ropa de mamá y papá. Apenas pueden moverse porque ellos están envueltos en esta masa de ropa y a pesar de todo usted podrá sólo ver sus ojos o su sonrisa, pero están perdidos – están inmersos en sus ropas.

Eso es lo que significa ponerse el Señor Jesús – estar tan inmerso en El que todo lo que la gente ve de ti es tus ojos! Todo lo demás es Jesús! De la misma manera, esto es cuando usted está vestido con el Espíritu Santo – está dotado con el Espíritu Santo, está inmersos en él y lo único que ven los demás es tal vez sus ojos. Tenemos que entender que cuando dice poneros el Señor Jesucristo, él está diciendo, "Consiga perderse en Jesús." Piérdase en El.

Otra verdad encontrada en esta Escritura es cuando aprendemos a ponernos el Señor Jesús no vamos a hacer provisión para la carne. Esa palabra provisión significa literalmente que no va a tener una disposición o plan de antemano por las cosas de la carne. Sabe, que en la temporada en que estamos es muy fácil ser cogido y arrastrados por las preocupaciones acerca de las cosas naturales de la carne. Con lo que está ocurriendo en el mundo en este momento, nunca ha habido un mejor momento para comprender estas Escrituras.

Si aprendemos a sumergirnos en Jesús, no tenemos una previsión para las cosas de la carne. No vamos a estar preocupados por esas cosas porque vamos a estar tan fundidos junto con El. El aprovisionamiento de los Cielos será tan real a que nosotros no nos preocuparemos de lo que sucede en el mundo. Jesús nunca estaba preocupado si la economía estaba subiendo o bajando, si había una escasez de alimentos o escasez de las finanzas. Nunca lo vemos expresar una preocupación para nada de eso en su caminata terrenal. ¿Por qué? Porque se hallaba inmerso en el Espíritu Santo y no tenía ninguna previsión de las cosas de la carne.

Aquí está nuestro amor hecho perfecto, que tengamos confianza en el día del juicio: porque como Él es, así que seremos en este mundo (1 Juan 4:17 KJV).

La mayoría de nuestras vidas como creyentes, hemos tratado de vivir como Él era. Mientras que tiene mérito y es una buena base y punto de partida, tenemos que mirar lo que Jesús es ahora y lo que está haciendo ahora. De esa manera, podemos movernos hacia el potencial de esta promesa de ser como Él es en el mundo.

Bueno, ¿Cómo es Jesús ahora? Está en la gloria. Le garantizo que no está preocupado por lo que va a comer, donde va a dormir, lo que va a ponerse, o si tiene suficiente fe. ¿Entiende lo que estoy diciendo? Esta Biblia que llevamos tiene todo lo que necesitamos para la vida y la piedad. Tiene cada promesa que necesitamos, si no aplicamos lo que libremente se ha dado a nosotros, nunca caminaremos en El. Un ascenso mental no es una recepción o aceptación de una promesa.

Haz lo que Él está Haciendo!

Hay una diferencia entre el ascenso mental o reconocimiento y caminando en la plenitud de una promesa. Juan dijo, "Como Él es ahora, así seréis en este mundo." Aunque sé que este concepto es nuevo y difícil de envolver la mente alrededor de esto, también sé que es un hecho. Como Él es ahora, así soy yo. Ese hecho, aceptado y recibido, se mostrará en nuestros pensamientos, palabras y acciones.

El hecho es que no somos bastante crecidos todavía en la plena confianza y la realización de estas promesas siendo verdad en nuestras vidas, pero estamos creciendo. Jesús dijo:

Cierto, de cierto os digo, quien cree en mí, las obras que yo hago harán también; y mayores obras que éstas harán; Porque me voy a mi Padre (Juan 14:12 KJV).

¿Sabes lo que está haciendo para usted ahora? Lo primero es que fue a preparar un lugar para usted, para que donde Él está usted pueda estar también. Así que nuestro primer ejemplo si un "trabajo" que podemos hacer es preparar un lugar para El.

Algunos han dicho, "Ya vive en mi corazón, Hermano." ¡Sí! Pero ¿cuánto de su corazón tiene El? ¿Le dio el vestíbulo del castillo de su corazón? "Entrad, pero no toquéis nada porque me siento cómodo con estar en control de mi propia vida". ¿Entiende lo que estoy diciendo?

La segunda cosa que hace es que vive siempre para interceder por nosotros. Así debemos estar preparando un lugar para El al permitir que el Espíritu de Dios nos revele a nuestros corazones, para causarnos a convertirnos, y entonces nosotros deberíamos estar constantemente intercediendo. Porque como Él es, así series ahora!

La Palabra de Dios nos enseña que estamos sentados juntamente con Cristo en lugares Celestiales. Así como Él es, así es usted, y usted está sentado junto a Él.

¿Un hombre puede estar en dos lugares al mismo tiempo? Sí, absolutamente. Usted está allí, sentado junto a Él en lugares celestiales y está aquí en este Reino natural. Nació en el Reino del Espíritu, en el Reino de Dios, cuando acepto a Jesús. Así como usted nació en este Reino natural y comenzó a participar de este reino con los cinco sentidos, así cuando ha nacido de nuevo, usted puede comenzar a participar de ese Reino con los sentidos espirituales que Dios le dio al nacer. Puede ver, puede saborear, puede tocar, puede oler. ¿Comprende?

El problema es que estamos tan acostumbrados al Reino natural y acostumbrados a estar comprometidos en este reino, que descuidamos la realidad del Reino del Espíritu que es el ámbito real. Esto no es sino una sombra, y usted no puede contratar a sus sentidos para comenzar a operar y funcionar en el Reino del Espíritu.

Si Él dijo que podemos hacer lo que El hace (presente continuo) – "los trabajos que yo hago," no los trabajos que hice

– usted los puede hacer también. ¿Paredes mantienen a Jesús afuera? ¿Paredes mantienen a Jesús adentro? ¿Este reino excluye o le impiden caminar desde la dimensión o Reino Espiritual a la dimensión o Reino natural? No, no hay nada imposible con Dios, y como Él es, así somos en este mundo.

Empiece a meditar en eso por un corto tiempo y meterá en líos a la cabeza, pero la arreglara también. No hay nada imposible con Dios, y no hay nada imposible para aquellos que creen.

Experiencias del desierto

Ahora Moisés mantuvo el rebaño de Jetro su suegro, el sacerdote de Median: y él condujo al rebaño a la parte trasera del desierto y vino a la montaña de Dios, incluso a Horeb (Éxodo 3:1 RV).

Moses creció en la corte del Faraón, aprendió en toda la sabiduría de Egipto y era el siguiente en línea al Faraón – fue elocuente en discurso y en la escritura. Un día entró en su mente, "espera un momento! Esos son mí pueblo que están en régimen de servidumbre y la esclavitud", y dentro de su corazón sabía que tenía un destino en lo que respecta a la libertad de su pueblo de la esclavitud. Y así como nosotros hemos hecho en un momento u otro en nuestro caminar cristiano, con su propio entendimiento y el brazo de su propia fuerza trató de lograr y cumplir con su destino.

¿Y a que lo llevó eso? Al desierto. ¿Has estado allí? Apuesto a que sí. Y ahora lo encontramos a él, un pastor en la parte posterior del desierto. He hablado con muchos de los pastores que han tenido una iglesia allí. Cuarenta años guiando fuera en la parte posterior del desierto. Hebreo 11:27 dice que soportó como viéndole a Él (el Señor). Si nos tomamos el tiempo para excavar y estudiar a través de la palabra en este sentido, llegamos a la comprensión que Moses conocían a Dios cara a cara – era el amigo de Dios. Así pasó 40 años en el desierto con Dios, hablando con él cara a cara. Eso no es mal trato.

Ahora en este momento en su vida, Moisés llega a un lugar en su Ministerio del desierto llamado Monte Horeb. Ahora, Monte Horeb es un lugar interesante es el Monte de Dios; Horeb significa "desolación y desesperación". 2 Ahora bien, ¿cómo puede ese ser el Monte de Dios? Sencillamente, ¿dónde conoció usted a Jesús? Lo conoció cuando llego al final de usted mismo!. Y a veces incluso después de que usted ha aceptado a Jesucristo, usted retorna al Monte Horeb en sus experiencias de desierto.

Este es el mismo Monte Horeb donde Elías termino después de que él huyó de Jezabel. Aquí está llegando a Monte Horeb Moisés, y si examinamos las Escrituras encontramos que muchos de los patriarcas llegaron a este mismo lugar de absoluta desolación y desesperación. Pablo mismo dijo, "nos desesperamos de la vida, porque estábamos sobrecargados. Dios, llévanos a casa!" (Ver a 2 Corintios 1:8).

Aquí esta Moisés en este lugar de desolación y desesperación, y ve algo que nunca ha visto antes. Él ve un arbusto ardiente encendido y un ángel de pie junto a él. Y él se dice, "voy a comprobarlo. Nunca había visto algo así."

Bueno, creo que yo también lo comprobaría. Mucha gente lo inspeccionaría – ya sabe, "Yo me voy de aquí, eso no puede ser Dios". Pero hay bastantes de nosotros que somos curiosos y pensamos, "Es interesante". Así que Moisés viene a este lugar en la parte posterior del desierto donde está al final de sí mismo. ¿Sabe que Jesús a menudo saldría al desierto para estar a solas con el Padre? Y la mayoría de los cristianos en su camino cristiano han decidido, "Bueno, no me gustan las experiencias del desierto; son muy difíciles". Tiene que estar bromeando! Allí es donde se conoce a Dios. Cuando todo es cómodo, y acogedor, raramente piensan en Dios. Nuestro cristianismo en América realmente no nos costó mucho, pero eso va a cambiar. Mientras nos acercamos a los últimos días, la persecución aumentará. Los cristianos no deben ser sorprendidos de ver leyes promulgadas que hacen el seguir a Cristo más costoso.

Bueno, aquí está el y camina al arbusto, y del fuego Dios habla y dice a Moisés, "quita las sandalias de tus pies, porque el lugar donde estás es Tierra Santa" (Éxodo 3:5). Las obras de la carne – son simbolizadas por zapatos hechos por el hombre– no van a pisar en lugar santo. Y así sucesivamente, ese día auspicioso, Moisés tuvo un encuentro cara a cara con un Dios quien era un fuego consumidor.

Use lo que Tiene

Verá, temporadas de quebrantamiento, desolación y deses-peración en su vida llevan a una purga y una purificación de su personaje, así que usted puede venir a conocerlo de una manera más íntima. Es decir, por qué Pablo dijo que él se glorificó en tratados, pruebas y tribulaciones (véase 2 Corintios. 7:4). No fue porque fue golpeado por muchas rocas (como yo solía pensar), pero trajo gran intimidad entre él y Dios. Rey David dijo a un roto y a un contrito de corazón en ninguna manera El despre-ciará (ver Salmos. 51:17). Hasta que haya al menos una medida de quebrantamiento en su vida, se va a tropezar y a caer con frecuencia. Y lo más de la unción que vosotros tenéis sin que-branto, mayor será el desastre en ciernes, porque sin quebranto, el orgullo se establece para una caída (véase Prov. 16:18).

Nuestro Padre Celestial está interesado en carácter y quebrantamiento en las vidas de Su pueblo es una de las avenidas que conducen a un carácter. Y así Moisés tiene un encuentro con un Dios que es un fuego consumidor, y que cambió su vida. Lo que encuentro fascinante es que después de que había estado en los tribunales de Faraón – elocuente en discurso, aprendido en toda la sabiduría de Egipto – cuando el Señor dijo, "vete a Egipto y trae a mi gente" Moisés dijo, "no sé cómo hablar" (ver Éxodo 4:10).

En esencia lo que él está diciendo es, "Señor, lo que yo pensé que tenía, lo que yo pensé que sabía, y las fuerzas que antes tenía en la carne, no valen para nada". Lo que el estaba diciendo era, "Señor, realmente yo no sé cómo ser guiado por Tu Espíritu ahora, porque yo siempre dependí de mí mismo."

Y Dios dijo: "Déjame ayudarte. ¿Qué tienes en tu mano?" Verá, los Cristianos, siempre tenemos excusas por qué no estamos haciendo algo para Dios. Tomé a 43 personas una vez en un viaje de misión a las Islas Fiji. Permítanme decir esto – le recomiendo que nunca vaya a hacer eso! Hagalo con unas 10 personas como máximo. Pero de todos modos, llevé a 43 personas jóvenes del programa "Comisión del maestro". Eran los mejores! Los llevaría a cualquier parte. Hubo 11 de ellos, que estaban haciendo las decisiones sobre si debían ir o no.

Así que les pregunte una semana en el proceso, "Bueno, ¿qué creen?"

Ellos dijeron: "Estamos orando".

Yo dije, "Bueno, ¿sobre qué están orando?"

Ellos dijeron: "Las finanzas".

Le dije, "¡Basta ya! Lo que necesitan saber es, ¿es la voluntad de Dios para que se vayan? Cuando eso está establecido, las finanzas se ven, pero si están orando acerca de las finanzas, déjenme decirles que están orando en la dirección equivocada."

Ahora verá, siempre ponemos el carro delante del caballo. Dios no dice, "Si usted tiene las finanzas, ir," porque no hay ninguna fe. Lo que tiene que hacer es saber cuál es su voluntad y luego avanzar en esa dirección. Dios siempre nos encontrara allí. Quiero decirle que alguna vez hemos viajado alrededor del mundo en los últimos 10 a 12 años, no tenía fondos para ir. Pero cuando escuché a Dios, le dije a quienes nos invitó, "¡Sí! Estamos llegando". Cada vez el Señor cubrió la necesidad.

Viviendo en Su Presencia

Este Dios que es un fuego consumidor tiene una cita en tu vida – una, dos veces, tal vez muchas veces. Para la mayoría de nosotros, es muchas veces. Y entonces vemos esto:

*Moisés subió al Monte y una nube cubrió el Monte. Morada de la gloria de Jehová sobre el Monte Sinaí y la nube lo cubrió seis días: y al séptimo día llamó a Moisés de en medio de la nube (*Éxodo 24: 15-16 KJV).

¡Oh! Me gusta. Tengo que explicar esto; Siempre tengo que tirar en este enchufe. Segundo Pedro 3:8 dice, "con el Señor un día es como mil años y mil años como un día" (mi paráfrase). Así que podemos volver históricamente de Jesús 4.000 años a Adán. Ahora desde Adán hasta la vuelta del siglo hemos completado 6.000 años, y es temprano en la mañana en el séptimo día. En el séptimo día, Dios habló a Moisés fuera de la nube y dijo: "¡Ven aquí!" Recuerda los tipos y símbolos – Dios está hablando a su pueblo ahora. Es hora de volver a la gloria.

Pero ahora usted va a llegar a través de la nube; tiene que tener primero un encuentro con un Dios que es un fuego consumidor.

El versículo 17 dice la visión de la gloria de Jehová era como un fuego devorador en la cima de la montaña en los ojos de los hijos de Israel, pero para Moisés era una nube. Eso es interesante. A Moisés, quien ya había tenido un encuentro con Dios, que es un fuego consumidor, lo ve como una nube.

Tenemos un buen amigo, hermano Dean Braxton, que estuvo clínicamente muerto por una hora y 45 minutos hace unos años. Alguien le preguntó una vez, "Hermano Braxton, como se parece el Trono de Dios?"

Él dijo: "Estás bromeando?" Cuando estás en la Sala del Trono de Dios, tu no buscas al Trono. No estás interesado en el Trono. Pero te voy a contar lo que fue hecho, no porque estaba concentrado en ese aspecto del cielo, sino porque se tiene un "saber" cuando estás ahí y yo "sabía" lo que estaba experimentando en ese momento. El Trono donde estaba sentado Dios – algunos dicen que se parece a cuarzo o granito o algún otro material con que podemos relacionar aquí. Era una nube de gloria".

Ahora, piense en esto. Jesús se subió en una nube. Ya estaba sentado en Su Trono. El Señor está volviendo en una nube a regla y reinado. ¿Qué sucede cuando la nube de Gloria entra en la casa? El Rey de la Gloria entra en la casa porque la gloria es la atmósfera del Cielo, así como el Trono de los Cielos.

Moisés subió a esta montaña durante 40 días y 40 noches, y el Señor escribió en tablas de piedra de la Ley por la cual su pueblo debía vivir. Moisés volvió de la montaña, y lo primero que vio fue un becerro de oro que había hecho la gente y ellos estaban adorando este becerro de oro. Por primera vez en la historia, la ley juzgo al pecado cuando Moisés, en ira de justicia, arrojó las tablas de la Ley.

Poco después, volvió a la montaña por otros 40 días y 40 noches en la presencia del Señor. Tenemos un total de 80 días y 80 noches en la gloria – cara a cara con Dios, sin comida y sin agua, en sólo un corto período de tiempo, sin mencionar las otras muchas veces que Moisés hablaba con el Señor cara a cara. A 120 años de edad, Moisés no había disminuido en cualquier fuerza, su vista tan perfecta, y no estaba enfermo o débil (ver Deuteronomio 34:7).

Y sin embargo, no se le permitió entrar a la Tierra Prometida. ¿Qué hizo? Salió en el desierto y él dijo: "Señor, voy a casa!" Y dejó su cuerpo. Y dice que el diablo lucho con Miguel sobre el cuerpo (véase Judas 1:9). ¿Por qué? Porque no decaía. ¿El proceso natural de muerte, el deterioro y la corrupción era tan disminuido, tan lento, ese cuerpo probablemente habría existido – Bueno, mira a Adam – mil años?

También está en Ti!

Jesús está vestido con gloria. Él es eterno. Cuando lo que es eterno entra en contacto con lo que es mortal, algo ocurre. Usted no niega la eternidad, o esa luz eterna o la gloria eterna. No, eso afecta a su cuerpo mortal que lo acelera. Y a cualquier medida en que la muerte, el decaimiento o la corrupción se ven afectados por esa gloria no funcionan.

Jesús caminó en esta comprensión y revelación, mientras que aquí en la tierra. De hecho, Jesús dijo: "ningún hombre toma mi vida" (ver Juan 10:17). ¿Cómo puede decir eso? Porque él entendía la gloria. Él entendía que tenía un destino que cumplir, y mientras estaba en obediencia a la voluntad del Padre Él estaba en la Gloria de Dios.

Nadie mató a Jesús. Él puso su vida porque Él se vio obligado por amor y obediencia a Dios (ver Juan 10:17-18). Nadie puede quitarle la vida. Cristianos, como Él es, así es usted en este mundo. Tome a esta revelación – nadie puede tomar su vida! Sin embargo, usted puede libremente ofrecerla al servicio de los demás y a cumplir con su destino.

Y aconteció, cuando Moisés fue al tabernáculo, que todo el pueblo se levantó y estaba parado cada uno en su puerta de la tienda y miraban a Moisés, hasta que desapareció en el tabernáculo. Y aconteció, cuando

Moisés entro en el tabernáculo, la columna de nube descendió y se situó en la puerta del tabernáculo, y Jehová habló con Moisés. Y toda la gente vio la columna de nube a la puerta del tabernáculo: y todo el pueblo se levantó y adoro, cada hombre en la puerta de su tienda (Éxodo 33-10 KJV).

Así que tome esto – Moisés conocían a Dios cara a cara. La gloria es la atmósfera del Cielo. Cuando la atmósfera del cielo viene, el Rey de los Cielos está allí también. Y así cada vez que la gloria llegó, el comenzó a caminar con Dios cara a cara.

Cuando la gloria de Dios toca o entra en contacto con todo que no sea inmortal, invierte la ley natural de la muerte y descomposición. ¡Cualquier cosa! Cualquier cosa creada! Que en este mundo no ha sido creado? Todo ha sido creado. Déjeme aclarar esto, hermano. ¿Está diciendo algo que es muerte, decadencia y la corrupción puede ser revertido por la gloria? Eso es lo que estoy diciendo. ¿Así, que me está diciendo si tengo un auto viejo oxidado por ahí y si hago una oración y suelto la gloria, será nuevo? Eso es lo que estoy diciendo. Ese es el potencial que tenemos con el acceso a la gloria. Porque la gloria de Dios trae vida y restaura lo qué es muerte, decadencia y la corrupción han quitado, entonces todo lo que tiene la muerte, decaimiento, o la corrupción tendrá una reacción violenta a la vida.

¿Qué cree que sucede cuando usted ora por alguien que está enfermo y está curado? Ha lanzado la gloria de Dios y la muerte, la decadencia y la corrupción son borrados! Se han ido – se han erradicado. ¿Qué cree que sucede cuando los muertos resucitan? Se erradicaron la corrupción, decadencia y muerte.

Verá, hemos limitado finitamente a Dios con nuestra razón. Bueno, hermano, eso no significa objeto inanimado. Significa cualquier cosa que se crea. ¿Qué tal el moho? ¿Qué tal un molde? ¿Fétido olor? ¡Sí! Porque no sólo es la gloria de la atmósfera del Cielo y el Trono del Cielo, es la fragancia del Cielo.

La mayoría de nosotros ha oído hablar de ionizadores que destruyen los olores. Déjeme contarle el ionizador del Cielo – suelte la gloria y los olores se irán. ¿Funciona? ¡Oh! ¡Sí! Mi esposa Reshma y yo hemos hecho esto en muchos lugares que hemos viajado.

Ahora escucha. Jesús dijo, "ya No os llamo siervos... Os he llamado amigos"(Juan 15:15). Usted está en Cristo. Está sentado con El en los lugares celestiales, así que usted ya está en la gloria. Y Jesús está en su corazón, para que la gloria este en usted. ¿Por qué entonces estamos nosotros siempre clamando: "Señor, envía tu gloria! Señor envía tu gloria!" Isaías 6:3 dice que toda la tierra está llena de su gloria. Y nosotros seguimos clamando en la ignorancia, "Señor, danos un toque de la gloria."

Tiene más gloria en usted de lo que se imaginas! Puede crear universos! ¿Cómo aprovecho lo que está en mí, entonces? Señor, si todo esto está en mí, entonces ¿por qué estoy pasando por un mal momento? Exactamente. Es porque no hemos tenido una comprensión de lo que la Palabra tiene que decir o la conciencia en lo que Dios ha estado tratando de introducirnos – esta gloria.

Notas Finales

1.   James Strong, Concordancia Exhaustiva de Strong, 1746.

2.   Roswell D. Hitchcock, Análisis Nuevo y Completo de Hitchcock, Horeb.

3.   El Diccionario Bíblico Pictórico de Zondervan (Grand Rapids, MI:Zondervan, 1967), shachem.

CAPITULO DIEZ

La Gloria Suelta

D éjeme contarle cómo empecé en este viaje del descubrimiento de la gloria y cómo soltarla. Es algo tan básico y tan sencillo, es cómico. No me gustan los mosquitos. Me he cansado de ir a las naciones tropicales y ser comido vivo. Creo firmemente que cada vez que iba a algún lugar, haría sonar la campana para la cena y los mosquitos procedentes de países vendría cantando, "Bruce es en el menú". Luego iban a cantar, "hay poder en la sangre".

Estaba tan frustrado y agitado ser el blanco de estas plagas por todas partes donde fuimos! Dije: Padre, no me importaría ir a todos estos lugares tropicales donde estoy sudando y caliente y escurrido, pero por favor, dame algo – Dame una estrategia para deshacerme de los mosquitos. Estoy cansado de ser comido vivo encima de todo lo demás".

Un día escuché al Señor hablar a mi corazón justo antes de una reunión al aire libre, "Suelta a la gloria". Yo estaba ministrando en York, Pensilvania, bajo un toldo en la fresca noche junto a un arroyo... con luces encendidas. Estaba pensando, "¡Oh! Señor! Sé que esto no va a ser

193

divertido! Por favor, dame una estrategia. ¿Qué debo hacer?

Él dijo: "Suelta a la gloria".

Dije, "Bueno." Así que fui hasta el púlpito y coloque mis libros e internamente dije: "Padre, libero la gloria de Dios como mi defensa".

He visto esa noche a los mosquitos volar hacia arriba y luego alejarse de mí. No conseguían acercarse a mí. Me quedé fascinado! La gente debe haber pensado que había perdido mi mente porque yo estaba viendo a los mosquitos más que lo que estaba enseñando y compartiendo un mensaje. Hasta me olvide de lo que estaba hablando. Ellos no podían acercarse a mí!

Había una señora sentada en la parte delantera a mi izquierda, y ella fue devorada por los mosquitos. Ella decía: "¡no entiendo! Los mosquitos nunca se acercan a mí!"

Yo estaba parado ahí en silencio, riéndome y diciendo: "Dios mío, esto es estupendo!" Estaba tan feliz (para mí) y me quedé totalmente atónito. Le dije, "Señor, ¿en qué otra cosa funciona esto?" Era como un niño con un juguete nuevo.

Te mostraré lo que el Señor comenzó a revelarme de las Escrituras con respecto a la gloria.

Entonces el Señor creará sobre cada morada del Monte Sión y sobre sus asambleas, una nube y humo durante el día y el resplandor de una llama de fuego por la noche. Por sobre toda la gloria habrá una cubertura [dosel, defensa] (Isaías 4:5).

Corporativamente, usted es Monte Sión. Individualmente, ustedes son lugares de vivienda individual. El Señor dijo que creará un dosel de Gloria por encima de todos ustedes.

La palabra humo en hebreo es ashan. Literalmente significa "el terror de Yahvé", o la cólera de Yahvé, pero es el terror y la ira de Dios contra el hombre pecador.1

Sois redimidos de Jehová. Considerando que a los no redimidos se convierte en el terror de Dios y la ira de Dios, a los redimidos se convierte en una alegría, una maravilla. Causa que nos acerquemos hacia El con reverencia, atracción y confianza.

Durante 40 años en el desierto, el Señor coloca una nube durante el día y el fuego por la noche sobre el campamento de Israel. Por un lado, los hijos de Israel fueron atraídos y confortados por la presencia de Dios. En el otro lado, los enemigos de Israel conocieron terror! Esta nube de humo y fuego por la noche fue su defensa!

La palabra fuego llameante proviene de una raíz que significa, ""brillar como en un cuchillo afilado agudamente. 2, Recuerde que esto es su defensa! Dios va a poner el terror de Yahvé sobre sus enemigos como defensa. Él os cubrirá bajo el dosel de su gloria. Va atraeros y a acercaos a su lado. Va a ser una maravilla y una alegría! Pero a los enemigos de Dios va a traer el miedo y el terror de Dios.

Noche habla de la progresión natural de nuestro ciclo de 24 horas, pero también habla del final de la edad. La oscuridad cubrirá la tierra y bruta oscuridad los pueblos al final del tiempo. Esta espada de fuego en la noche es su defensa. Hay dos lugares en las Escrituras que veis esta espada llameante. Lo ha visto en el Jardín de Edén en Génesis, cuando el Señor nombro a los dos querubines para guardar la entrada de Edén. También lo encontrará en el libro de Apocalipsis, saliendo de la boca de Jesús.

También os indicaría que como un contenedor – un conducto por el cual la Gloria es lanzada a la tierra – tiene que hacer algo. Ningún hombre toma mi vida! Sólo la suelto. Ninguna arma forjada contra mí prosperará! Solo la suelto.

La palabra defensa es huppa. Literalmente significa "un dosel; para cubrir, con velo, encajonar, y protege." 3 el mejor cuadro que pueda compartir con usted de esta gloria sería un ejemplo de la televisión Star Trek, donde ellos se ponen sus escudos. Nada penetra atreves! Es como la gloria! La única diferencia es la gloria de Dios no debilita con cada golpe, y no tienes miedo de fallar! Esa es la imagen de esta palabra hebrea, huppa. Le encierra, le vela, cubre y protege. ¿De qué? Muerte, decadencia y corrupción.

El virus H1N1 no puede atravesar el dosel de la gloria de Dios. Las balas no pueden penetrar la gloria. Las bombas no pueden destruirla. Es decir podemos ir más y más– enfermedad, maladia, etcétera. ¿Entiende lo que es la gloria? Porque como Él es, así somos ahora en este mundo, y podemos hacer lo que El hizo (ver Juan 4:17; 14:12).

Viviendo bajo su Pabellón

Jesús caminó en este mundo con ninguna enfermedad que le aquejara. Sabemos por las Escrituras que Él fue probado en todas las formas que hemos sido probados, pero superó en todas las áreas (véase Hebreos 4:15). ¿De hecho, recuerde cuando ellos iban a despeñar a Jesús al precipicio porque El enfureció a ese espíritu religioso con lo que dijo? El dosel de la gloria de Dios lo había velado y caminaba a través de su medio – aún no lo vieron.

Y habrá un tabernáculo para una sombra en el día del fuego, un lugar de refugio y para una encubierta de tormenta y lluvia (Isaías 4:6 KJV).

La palabra sombra significa literalmente "cubertura".4 la palabra calor en hebreo es Horeb. Horeb significa literalmente "desolación y desesperación".5 también habla del calor del sol.

El que habita en el lugar secreto del Altísimo, mora bajo la sombra del Omnipotente. Digo del Señor, "él es mi refugio y mi fortaleza; Dios mío, en El confiaré". Seguramente él te librará del lazo del cazador y de la peste peligrosa. Con sus plumas te cubrirá, y debajo de sus alas tomarán refugio; Su verdad será tu escudo y adarga. No deberán tener miedo, del terror nocturno, ni de saeta que vuele de día, ni pestilencia que ande en oscuridad, ni de la destrucción que pone los residuos al mediodía. Mil caerán a tu lado y 10 mil a tu diestra; Pero no acontecerá cerca de ti. Sólo con tus ojos miras y verás la recompensa de los impíos. Porque has puesto a Jehová, quien es mi esperanza, al Altísimo, tu morada, no te sobrevendrá ningún mal, ni plaga tocará tu morada (Salmo 91:1-10).

Cuando está bajo el pabellón de la gloria de Dios, está bajo la sombra, la cubertura, la cubierta del Todopoderoso. Espero que se esté poniendo esto! Recuerde – Moisés paso un total de 80 días en la gloria sin comida ni agua. ¿Por qué? Porque la infusión de la vida que estaba en la gloria había impregnado su cuerpo mortal tanto que no estaba hambriento. En la misma manera, Jesús dijo, "Tengo carne para comer que no sabéis" (Juan 4:32 KJV). ¿Entiende?

Dios está diciendo que este pabellón de su gloria – el encajamiento, esta cubierta – va a guardarle de la hora de desolación y desesperación. Recuerde, 1 mil van a caer a su lado y 10 mil a su diestra, y van a mirarle y decir, "por qué en el mundo no temes? ¿Por qué no te preocupas? ¿Por qué no estás molesto o ansioso?" Porque mi Dios me impide la desolación y desesperación. Mi Dios suple todas mis necesidades conforme a sus riquezas en gloria. Estoy lleno.

Bueno, hermano, hay un hambre muy grande que está viniendo – una escasez. ¡Aleluya! Cuando el enemigo viene como un torrente el Señor levantará una bandera! (Véase Isaías 59:19). Va a causarnos que presionemos hacia la verdad de la Palabra y a crecer en El. Quiero decirle, Cristiano, usted tendrá la respuesta que se necesita en los días venideros, porque usted conoce a Jesús y sabe cómo apropiar las riquezas en gloria.

Ustedes son los únicos que van a orar sobre una olla vacía a la hora de cenar, y va a estar llena de comida! Usted será capaz de decir, "adelante, hermanos; Vamos, amigos."

Y se van a preguntar, "¿Cómo hiciste eso? ¿De dónde sacaste la comida?" Y Usted compartirá con ellos la realidad del Reino de Dios.

La palabra escondedero en Isaías 6:4 significa "un secreto escondite." 6 el que habita en el lugar secreto del Altísimo. ¿Estás tomando esto? El escondite secreto. ¡Wow! En Juan 1:4 dice: *"En Él estaba la vida; y la vida como la luz de los hombres."* La palabra vida es zoe; significa literalmente la vida como Dios la tiene. Es la vida de Dios que está en usted porque está en él, y como él es, así que es usted.

Poder Curativo de la Gloria

Durante años, podría reflexionar y cuestionar al Señor, preguntando: "Padre, Tu Palabra claramente nos enseña que la curación es el pan de los hijos, y estoy agradecido de que puedo venir a Ti cuando necesito curación. ¿Pero, Señor, que es lo que pertenece a un hijo maduro?"

¿Quién es el único ejemplo que teníamos de un hijo maduro? ¡Jesús! El caminaba en salud divina. ¿Por qué? Porque caminó en la gloria.

"Está bien, Padre, entonces cómo puedo llegar desde donde he caminado a donde debería estar?" Simple! Por la fe! Comience con los mosquitos.

En noviembre, nos fuimos a Fiji para visitar a la familia de Reshma. Mis padres nunca habían conocido a su familia, así que tuvimos un pequeño grupo que nos acompañó allí. Nuestros pastores, Barry y Kay Hill, vinieron, y algunos de nuestros amigos y sus hijos y un nieto. En el pasado, Fiji solía ser para mí el más difícil de los lugares que visitar, por los mosquitos. Le dije, "Bueno, Padre. Aquí hay una gran prueba en cuanto a lo que me concierne! Cada vez que vengo a Fiji, he sido una 'comida en la boca' para cada mosquito en estas islas. Así que voy a tomar lo que me has revelado y poner a tu Palabra a prueba y sabré por esta prueba si he estado escuchando correctamente o si estoy lejos".

Desde el momento en que salimos del avión, empecé a decir: "Padre, suelto la gloria!" En el transcurso de la visita de dos semanas, no me mordieron ni una vez! Es decir, esto no es un milagro para algunas personas, pero para mí esto era mejor que revivir a los muertos!.

Me han pedido si compartí esta revelación con quienes habían viajado con nosotros, y la respuesta es no, no lo hice. Alguien dijo: "Bueno, por qué no lo compartiste con ellos?" Porque en ese momento yo estaba todavía aprendiendo y practicando. Primero tuvo que ser formado en mí antes de pudiera liberarlo a través de mí. Si no lo he caminado, entonces sólo te doy una teoría. Y no sé de usted, pero yo estoy cansado de las teorías en la iglesia. Quiero ver a alguien que ha pasado por sus palabras y tiene evidencia para respaldar lo que dicen, así que seguí practicando.

Otra vez le dije, "¡Wow! Señor, ¿qué otra cosa puede esto hacer?"

Bueno, hace tres años me dijeron por el dentista que necesitaba un trabajo y que iba a costar 17 mil dólares. Le dije, "y mi primogénito, verdad? 17 mil dólares?"

Entonces dije: "No, voy a volver y voy orar sobre esto".

"Padre, yo creo en los milagros. Acabo de ir de tal vez a Amén, Señor."

Estaba parado, creyendo y argumentando en la fe durante tres años. Luego en enero, después de que habíamos regresado de nuestro viaje a Fiji, el Señor me habló y dijo: "Quiero que te sientes por una temporada y que empujes hacia adelante".

Así que subí a cada día que yo no estaba de viaje a pasar tiempo con el Señor, estudiar y escribir. Una mañana, de repente mi boca cobró vida en rebelión. ¿Has tenido un dolor de muelas? Lo que experimenté no fue un diente en un lado de mi boca; No, eso sería demasiado fácil! Tenía cuatro dientes molestándome en todos los cuadrantes de mi boca al mismo tiempo!

Tres semanas! Oré y persegui la promesa de Dios para la curación por tres semanas! Finalmente, después de tres semanas de Contender y ser agotado, tenía la presencia de ánimo para preguntar, "Padre, ¿qué dices en esto?"

Él dijo: "Suelta la gloria!"

Ahora – internamente si me permites, no en voz alta – le dije, "Señor, libero la gloria en los dientes".

La sensación fue como si alguien estiró un enchufe y todo el dolor sólo se evaporó y nunca regresó. Dije: "Señor, por qué no me dijiste esto hace tres semanas atrás."

Él dijo: "¿por qué no me preguntaste?›

¡Oh! ¡Sí! Se me olvido. Enseño alrededor de todo el mundo que la primera respuesta que debemos tener en cada situación es pedirle a Dios, es dialogar con El, y yo me había olvidado!

Le dije, "¡Wow! Padre, ¿qué otra cosa puede hacer?" Esto se está haciendo rico! Bueno, Mayo vino y en Mayo eran los 74 ° cumpleaños de mi padre, y queríamos hacer un asado para El. Le gusta la carne a la brasa, y me gusta cocinar a la parrilla. Esa mañana decidí cortar el césped y adornarlo para los huéspedes que habíamos invitado. Tenemos un jardín muy grande y en la primavera hemos tenido los mosquitos en enjambres. Entonces, le dije, "Padre, voy a ejercer mi fe y soltar la Gloria en el patio."

Ahora, ¿qué sucede cuando se pone buena comida en una parrilla? Ding! Ding! Sopa está lista! Esta vez, sin embargo, no hubo ni un insecto! No un mosquito, no un insecto durante cuatro horas mientras nos sentamos afuera y comimos y nos divertimos.

Le dije, "¡Wow! ¿Qué más puede hacer esto? Señor, ¿se deshace de cualquier otra plaga?" En realidad, lo hace! Los demonios odian la Gloria.

Eclipsado

Hechos 17:28 dice porque en El vivimos. Aparte de Cristo, no hay vida, no hay ningún zoe, el estilo-Dios de vida, y no hay vida que tiene significado para alguien. Así que en él vivimos y nos movemos y tenemos nuestro ser. La inmortalidad y gloria se encuentran en la luz, que es Jesús. Está en El y Él está en usted, y como Él es, así es usted en este mundo. Es la misma luz que es la luz de la vida, la gloria de Dios. No respeta ni permite la corrupción, decaimiento, moho, putrefacción, deterioro, herrumbre, hongos, contaminación o malos olores.

Aquí hay otra aplicación de la Gloria de la Palabra. Los hijos de Israel se anduvieron 40 años en el desierto, y sus ropas nunca envejecieron. Y cuando la Gloria estuvo presente – como lo fue por 40 años con ellos – maná sobrenatural del cielo cayó cada día para alimentarlos. Tenían "carne" para comer que no conocemos. Interesante.

Había un hombre (no recuerdo su nombre ahora) que, en la década de 1940, 1950 y en la década de 1960, pasó muchos años ministrando regularmente en África y otros países tropicales. Él tuvo una revelación sobre el dosel de la gloria de Dios como una defensa, y puso en práctica lo que aprendió sobre la liberación de la gloria. Muchas veces este caballero Ministraría por las noches en iglesias como choza de paja afuera en el medio de lugares desconocidos, con las lámparas de querosén como la única iluminación. Si alguna vez ha estado en una selva húmeda y caliente, usted sabrá qué en la noche las lamparillas atraer todo concebible insecto conocido por el hombre!

Lo fascinante es, que debido a su conocimiento de la Gloria siendo un dosel de defensa, esos insectos no pudieron venir dentro de 30 pies de esas lámparas! No sólo eso, sino que la gente que venían a las reuniones entraban en el resplandor de la Gloria y fueron sanados al instante!

Este caballero compró una vez un traje en la tienda departamental porque en esos días era la ropa normal que usar para un ministro. Durante siete años recorrió las selvas y reuniones en los trópicos y predicó el Evangelio, y en siete años no lavó nunca ese traje! Y aun cuando se lo quitó, olía a nuevo – sólo tan fresco como el día en que lo compro.

¿Cómo es posible? La corrupción, decaimiento, moho, herrumbre – no tocó su ropa porque tenía tal revelación de la gloria. Yo dije: "Señor, si es suficientemente bueno para él, es lo suficientemente bueno para nosotros." (Lo siento, damas, no se puede ir de compras tanto ya. Tienen que aprender a soltar la gloria!)

Juan 6:54 dice: "El que come Mi carne y bebe Mi sangre, tienen vida eterna" (parafraseado). Jesús dijo en Juan 8:12, "Yo soy la Luz del Mundo. El que Me sigue no caminará en la oscuridad"(parafraseado). Gálatas 3:13 dice, "Cristo nos redimió de la maldición de la ley, hecho por nosotros maldición. Porque está escrito: maldito es todo aquel que cuelga de un árbol"(parafraseado).

¿Qué es la maldición? Pecado, enfermedad y muerte. La destrucción, el decaimiento de la maldición ha sido eliminado a través de la sangre de Jesús. ¿Por qué? Porque la vida está adentro en la sangre, y Él es esa vida y la Luz del Mundo. La gloria supera al pecado, la enfermedad, muerte, decadencia, la corrupción- todo eso.

En Hechos 3, un insólito milagro fue hecho a un hombre que era cojo desde el vientre de su madre, y fue sanado.

En Hechos 4, después de que los discípulos habían proclamado el Evangelio y luego golpeados y puestos en la cárcel, fueron liberados y mandados a que nunca vuelvan a hablar en el Nombre. Así que salieron y oraron, y el lugar donde oraron fue sacudido, y otra vez fueron llenos de Espíritu Santo y poder.

En Hechos 5 vemos un cambio de lugar que es sorprendente. Después de endueo, o ser inmerso en esa segunda dosis de la energía (Gloria), Pedro caminaba por la calle y la gente se curaba si su sombra los cubría. Cuando pensamos en una sombra, es el resultado de una fuente de luz que golpea contra un objeto sólido que bloquea la luz en la "huella" del objeto. En este caso, la palabra sombra no transmite ese significado. Literalmente significa "una afluencia y un resplandor" que salieron desde dentro de Pedro, y todos los que vinieron en el ámbito de ese resplandor fueron sanados.

La palabra eclipsar usada en La Biblia del Rey Santiago significa literalmente "envolver en una bruma de brillo". Cuando usted y yo como creyentes aprendemos a soltar el depósito de la Gloria que está dentro de nosotros, veremos manifestaciones inusuales en los que nos rodean cuando son tocados y cambiados por esa gloria.

Charles Finney camino en esto sin siquiera darse cuenta de lo que era. Iba por la ciudad en un tren y hubo tal emanación, un resplandor de la Gloria que había sobre él, que la gente comenzaba a caer y clamaba por la salvación. Ahora, hay un nuevo curso de Evangelismo 101! Ahora cuántos panfletos alcanza a compartir o ahora cuan muchas escrituras puede usted citar. No, ¿cuánto de Jesús usted puede soltar? Estamos en una nueva temporada. Se trata de convertirse – convertirse en todo lo que Él dijo que somos!

Suelta lo que está dentro de ti

Y Él dijo, "cierto, de cierto os digo que hay algunos aquí que no probarán la muerte hasta que vean el Reino de Dios con poder" (Marcos 9:1).

Comienza el siguiente versículo, "ahora después de seis días..." ¿Qué es después de seis? ¡Siete! Así que en el séptimo día:

... Jesús tomo a Pedro, James y Juan y los llevo aparte solos a un monte alto; y se transfiguró delante de ellos. Su ropa se convirtió en brillante, extremadamente blanca, como la nieve, como ningún lavador en la tierra puede blanquearlas. Se les aparecieron Elías con Moses y hablaban con Jesús (Marcos 9:2-4).

He aquí una aplicación de la liberación de la gloria. Si esto no te emociona, nada lo hará. Esta gloria que estaba en Jesús comenzó a irradiar tan fuera de Él, así que incluso afectó a su ropa y su semblante. No sólo eso, eliminó la barrera entre el Reino natural y lo espiritual, sino que fue capaz de verse cara a cara con Moisés y Elías.

Medite en ello un momento. Usted está en la gloria y la gloria está en usted. Suéltela! suéltela! Práctique todo el tiempo! Pronto comenzará a tener sobrenaturales encuentros cara a cara con el Rey de Gloria, Jesús!

¿Cuántos de ustedes quieren conocer a Jesús cara a cara? Comience a practicar lanzando lo que está en usted. Cuando vaya a la oficina de correos, suelte la gloria. Cuando va a un restaurante (después de haber pedido), suelte la gloria. Cuando sube a un avión (espere hasta que sea activado el piloto automático), suelte la gloria. ¿Entiende? Puede hacerlo por la fe en cualquier lugar.

¿Qué es lo que hace? Bueno, sé que trabaja para los mosquitos y sé que funciona para la curación y definitivamente sé que trabaja para dolores de muelas.

.¿Para qué otra cosa funciona? Escuche – muerte, decadencia, y la corrupción no puede coexistir con la gloria! Nunca hemos sido temerosos de tener un accidente en cualquier aeronave en que hemos estado. Hemos aprendido cuando caminamos a bordo de una aeronave de poner nuestra mano en el fuselaje, aplicar la sangre de Jesús, y ahora también soltamos la gloria.

Y le daré un testimonio – volamos desde Perth a Malasia en un avión averiado. Yo solía trabajar en Boeing. Déjeme decirle que, cuando nos subimos, ninguno de los sistemas de video o sonido funcionaba. Parecía haber un fallo en algunos de los componentes electrónicos. La primera cosa que notamos fue, había un chorro de calor. Era como si alguien encendió un calentador en el avión. Y luego vino el aire acondicionado en plena explosión hasta que se sintió como una cámara frigorífica. Eso sucedía de 15 a 20 minutos, y el calor volvería... y luego iría el aire. Esto duró cinco horas. Fue una locura! Cuando finalmente aterrizamos y se abrió la puerta, todo finalizo. La aeronave no debería haber estado volando porque tenía un problema eléctrico. Pero la gloria! La gloria!

Porque el Señor Dios es sol y escudo; El Señor os dará la gracia y gloria; Ninguna cosa buena El retendrá de los que andan rectamente (Salmo 84:11).

La palabra sol es la palabra hebrea shemesh, que significa "una crestería con muescas".7 Déjeme explicarle. En la época Medieval cuando iban a construir castillos, y ellos hacían una pequeña muesca en las almenas donde los arqueros podían disparar al enemigo desde una posición protegida. Salmos 84:11,

dice que el Señor es una crestería con muescas y un escudo y un protector. El Señor nos dará la gracia y gloria; ninguna cosa buena retendrá de los que andan rectamente. La gloria es como una crestería con muescas donde usted esta encajonado, protegido detrás y todos los dardos de fuego del inicuo no pueden tocarte; Sin embargo, usted puede hacer una buena guerra desde esa posición protegida.

Intocable

Recientemente hemos oído una historia acerca de una conversión de un pueblo entero en una nación del Medio Oriente que tuvo una visitación sobrenatural con Jesús donde cada persona en el pueblo experimento un encuentro personal y lo aceptó a Él como su Señor.

Cuando las autoridades se enteraron de la conversión de un pueblo entero en esta nación predominantemente musulmana, inmediatamente enviaron a un contingente de soldados. Reunieron a todos los habitantes del pueblo en la plaza central del pueblo y les dijeron que deben retractarse y renunciar a su nueva fe cristiana o los ejecutarían a todos los hombres de la aldea por un pelotón de fusilamiento.

Cada individuo en el pueblo dijo que no, no renunciaría a Jesús. Así que ellos alinearon a todos los hombres, apuntaron y dispararon. Ante la sorpresa de los soldados, no un hombre cayó muerto. Como cuestión de hecho, no una sola persona ni siquiera fue herida!

Pensando que había sido un fallo de disparo (un fallo masivo!) una vez más fueron a través de los pasos – listos, apunten, fuego! De nuevo, ni un individuo fue herido o asesinado. En la confusión y la ira los soldados una vez más se alinearon y dispararon hacia la línea de los hombres y por tercera vez que no una sola persona fue tocada.

Como si en una señal, cada hombre alcanzó en el bolsillo de su pantalón y quito tres balas y las entregó a los soldados frente a ellos. La gloria! La Gloria!

Si juntamos todos los estudios de la palabra en su conjunto, una parafrase precisa de Isaías 4: 5-6 se leería:

El Señor ha creado sobre mí como una morada del Altísimo, una nube de humo durante el día que libera el terror y la ira de Yahvé contra hombre pecador, pero para mí es un misterioso asombro, atracción, respeto, alegría y confianza. Hay un resplandor de una llama de fuego por la noche, como el parpadeo de una lámina pulida agudamente. Por sobre mí la gloria es un toldo un velo que recubre y protege. Hay una cubierta, una protección contra todo calor, desolación, desesperación y cualquier instrumento que intentaría reducirme. Es un lugar de refugio y escondite de las tormentas de nuestros enemigos que tratan de destruirme y de sufrimiento y privaciones.

Caminando en la Gloria

La gloria de Dios en que usted está y la cual en usted está, es destinada a cubrir la tierra a través de usted. Compartí esta historia antes, pero lo repito aquí para recordarle que caminamos en la gloria. Nosotros estábamos ministrando en Belfast, Irlanda del norte, hace algunos años, y estábamos hablando con nuestros queridos amigos después de una comida compartida. De alguna manera la conversación llegó a la liberación de la gloria y dijimos: "Sabes, cuando camines por la calle, no te sorprendas cuando los demonios comienzan a manifestarse cuando pasas."

Con el rabillo del ojo digo "la mirada" que me dijo que realmente ellos no creían lo que les dije tuvo ningún mérito. Muy pronto después de eso, mientras estábamos todavía caminando y hablando, un hombre me paso raspando delante de mí y entró en una cabina telefónica. Inmediatamente se dio vuelta alrededor con ojos demoníacos y en una voz de otro mundo dijo: "Vete a casa!"

Cuando él habló con voz demoníaca, nuestros amigos pegando un salto dijeron: "¿Qué fue eso?"

Le respondí, "es sólo un demonio; No te preocupes".

Me informe del Señor si yo debía abordar a ese demonio en aquel momento y El me señaló que no debía hacerlo. Fuimos un poco más allá, otras 40 yardas más o menos y dos jóvenes que habían estado hablando juntos saltaron hacia arriba en el aire gritando y huyeron en direcciones opuestas!

Una vez más, con expresiones de shock en sus rostros, nuestros amigos dijeron: "¿Qué fue eso?"

Una vez más respondí: "Fue sólo los demonios".

A medida que aprendemos en este reino llamado sobrenatural, descubrimos que hay una expectativa de señales, maravillas y milagros que impregna nuestra vida cotidiana como nunca antes. Es una aventura!

Permítanme decir esto! Sean conducidos del Espíritu! No vayan a medias y empiecen a hacer lo que creen que deberían hacer. Sea conducido del Espíritu, pero nunca camine con temor. ¿Por qué? Porque está en la gloria y la gloria está en usted, y nadie puede tomar su vida. Ninguna arma forjada contra ti prosperará. 1 mil caerán a tu lado y 10 mil a tu diestra. No va a venir cerca de ti.

¿Sabe? Cuando el Señor estaba enseñando y soltando esta revelación a nosotros, fuimos contactados por un amigo cercano del que no habíamos oído desde hace mucho tiempo. Ella tuvo un sueño durante cuatro noches consecutivas. Me dijo que debía relatarnos este sueño, porque, "Estuviste en él".

Ella dijo, "en mi sueño, mi amigo y yo veníamos a la ciudad de Spokane cuando bombas empezaron a caer en todas partes. Cosas estallaban, la gente se moría, hubo incendios y todo era un caos cuando el Señor me habló y dijo, "ir al norte. Ir al norte!"

Así que ella empezó a ir en dirección norte hacia donde vivi-mos en un pequeño pueblo cerca de 49 a 50 millas de Spokane. Ella dijo, "fui a tu casa y necesitaba un descanso, así que decidí entrar. Yo estaba sentada allí y tomando mi aliento cuando este señor mayor vino corriendo a la casa y comenzó a gritar, "ten-emos que salir! Ahora vienen por aquí. Si se quedan morirán!"

Ella dijo, "era muy impropio de ti, pero te inclinaste y dijiste: No! Mira esto! Luego fuiste afuera y dijiste: "Libero la gloria!" Inmediatamente, bombas comenzaron a caer hacia la casa y a medidas que lo hacían golpeaban contra un escudo, una barrera invisible, y rebotaban y explotaban en otra parte."

Que confirmación para mí de que estábamos en el camino correcto. Ella no tenía idea de lo que el Señor había estado revelándonos. Ahora, no me importa lo que se avecina en el mundo, porque vosotros sois la luz del mundo. Esa luz es la gloria de Dios – es la vida de Dios – elimina la corrupción, decadencia y muerte. Cuando Usted suelta la gloria y aplica la sangre de Jesús, nada puede romper ese pabellón de protección!

Voy a orar una oración, y cuando yo ore esta oración de liberación de la gloria, quiero que cada uno de ustedes que están leyendo esto agiten lo que está dentro de vosotros y suéltenlo ahora. Si usted tiene una necesidad en su cuerpo o alguien que usted conoce, lo puede soltar en esa zona del cuerpo suyo o del cuerpo de alguien.

Padre, en nombre de Jesús, te agradezco que Tu Palabra es verdad. Estamos en la gloria y la gloria está en nosotros. Ahora, Padre, por un acto de nuestra voluntad, te pido que nos llenes de Nuevo del Espíritu Santo y poder, con una dotación de esa gloria, mientras que nosotros por un acto de nuestra voluntad, liberamos esa gloria. Ahora, Padre, toda enfermedad, toda maladia, toda muerte, decadencia y la corrupción deben dejar nuestros cuerpos en nombre de Jesús. Ahora, la Vida Zoe de Dios nos llena nuevamente! Ahora, Padre, liberamos la gloria en nuestros hogares, en cada esquina, rincón y grieta. Todo el moho, el hongo, decaimiento, corrupción y todo lo que no es la vida sea erradicado de esta casa en nombre de Jesús. Ahora, Padre, decretamos que este es un lugar donde Tu Trono de Gloria tiene vía libre.

Y gracias, Padre, que en la gloria no falta. Cada necesidad se resuelve soberanamente, sobrenaturalmente, más allá de nuestra comprensión, más allá de lo que podríamos pedir, pensar, razonar o imaginar. Resuelves cada necesidad, porque como Él es, así somos en este mundo. Gracias Padre. Gracias, Padre. Padre, te pido ahora, súbelo un escalón.

Palabra Profética del Señor

Ha sido el deseo de mi corazón por muchas generaciones de levantar una generación que anhela y desea conocerme cara a cara, para mover a un lado el bloqueo religioso que se ha colocado entre Yo y mi gente. Y esta es la generación que he escogido para conocer a su Dios cara a cara. Y entonces, estoy liberando a esta generación y a mi pueblo un entendimiento de Mi Palabra por el aliento de la revelación que libero de mi Espíritu. Y estoy liberando a mi gente de cadenas que no son hechas por manos humanas, pero que se han realizado por tradición y que se han realizado por el razonamiento humano y que han impedido el Reino de Dios. He elegido a esta generación a caminar en los tribunales de su Rey, a ver esa tierra que está lejos, y conocer a su Dios en maneras que generaciones pasadas ni siquiera han imaginado. Y estoy revolviendo dentro de ti una gran hambre y una comprensión de las cosas profundas, el secreto del Altísimo. Porque tú eres una peculiar generación. Eres una generación que verá el cumplimiento y la conclusión del asunto. Es una generación que ha sido elegida por mí para manifestar las alabanzas de vuestro Dios, y habéis de hacerlo viniendo a la plenitud de la estatura del conocimiento de Dios que lo sois. Y así esta noche estoy diciendo a mi pueblo, que el anhelo de mi corazón para este momento se está cumpliendo ahora, porque mi deseo se ha cumplido. Y en los próximos días, os llevaré a la aventura en el Reino del Espíritu más allá de todo lo que podríais pedir o pensar – más allá de la razón incluso o de la comprensión de la naturaleza carnal, pero resonará dentro de vuestro espíritu hasta tal punto porque ustedes son Mis hijos en Mi imagen, creados para Mi Gloria, y conoceréis Mis caminos.

Notas Finales

1. James Strong, Concordancia Exhaustiva de Strong, 6227.

2. Ibid, 3852.

3. Ibid, 2646.

4. Ibid, 6738.

5. Ibid, 2721.

6. Ibid, 4563.

7. Ibid, 8121.

Apendice A

Textos Adicionales de prueba de las escrituras

Apariciones del Señor del antiguo testamento

1.   Abraham vio y comió con Dios (Jehová o Adonaí) (ver Gen. 18:1 – 8).

2.   Jacob luchó con Dios (Elohim) y le vio cara a cara (véase Gen. 32:22 – 31).

3.   Setenta y cuatro hombres comieron con Dios (Elohim) (ver Éxodo 24:9 – 11

4.   Moisés vio a Dios (Jehová o Adonaí) cara a cara (véase Éxodo 33: 11).

5.   Moses vio la parte de atrás de Dios (Jehová o Adonaí) (ver Éxodo 33.18 – 23).

6.   Josué y todo Israel lo vio (ver Josué 5:13 – 15).

7.   Edeón vio al Señor (ver Jue. 6:11-23)

8.   Los padres de Sansón lo veían (ver Jue. 13:3 – 23).

9.   David vio a Dios (ver 1 Cron. 21:16 – 17).

10.   Job vio a Dios (véase Job 42:5).

11.   Isaías vio y describió a Dios (ver Isaías 6).

12.   Amós vio al Señor (véase Amós 9:1)

13.   Ezequiel describe a Dios (véase Ezeq 1:26 – 28; 10:20; 40:3; 43:7; 47:1 – 6)

14. Daniel describe a Dios (véase Daniel 7:9 – 14; 10:5 – 6).

Apariciones del Nuevo Testamento del Señor Jesús después de la resurrección

Entre la resurrección y la ascensión hubo un período de 40 días. Durante este tiempo, el Señor Jesús apareció a sus propios seguidores en al menos 10 ocasiones diferentes como se registra en las escrituras:

Apariciones en el día de la resurrección:

1. A María Magdalena (ver Marcos 16:9 -11; Juan 20:11-18).

2. A las mujeres que regresan de la tumba (ver Mateo 28:8 - 10).

3. A Pedro (ver Lucas 24:34; 1 Cor. 15:5).

4. A los dos discípulos de Emaús (ver Marcos 16:12; Lucas 24:13 – 23)

5. A los discípulos, excluyendo Thomas (ver Marcos 16:15; Lucas 24:36 – 43; Juan 20:19 – 25).

Apariciones después del día de la resurrección:

6. A todos los discípulos incluyendo Thomas (véase John 20:26-31).

7. A siete de los apóstoles al lado del mar de Galilea (ver Juan 21)

8. A todos los apóstoles y sobre 500 hermanos (ver Mateo 28: 16 – 20; Marcos 16:15 – 18; 1 Cor. 15:6).

9. A Santiago, medio hermano del Señor (ver 1 Cor. 15:7).

10. A todos los apóstoles en su ascensión en el Monte de los Olivos (véase Marcos 16:19 – 20; Lucas 24:44 – 53; Hechos 1:3 – 12).

Apariciones después de que Cristo ascendió al cielo:

1. A Esteban en su lapidación (ver hechos 7:55 – 60).

2. A Pablo

• En el momento de su conversión (ver hechos 9:3-8; 22:6 – 11, 14 – 15; 26:12 – 19).

• En Corinto (vea hechos 18:9 – 10). En Jerusalén en el templo (ver hechos 22:17 – 21).

• En Jerusalén en una fecha posterior (ver hechos 23:11).

• En otra visión (ver 2 Cor. 12:1 – 4).

3. A Juan en la isla de Patmos (ver Rev. 1:10 – 19).

Todos estos hechos ocurrieron ante numerosos testigos en el transcurso de muchos días y años.

Apendice B

Definiciones de las escrituras

1. Puerta — un portal o entrada. Simboliza una transición lateral; entrada o acceso.

Ejemplos:

Y mientras ellas iban a comprar, vino el novio, y quienes estaban listas fueron con él a la boda; y la puerta se cerró (Matthew 25: 10).

Ahora cuando habían llegado y reunieron a la iglesia, informaron de todo lo que Dios había hecho con ellos, y que le había abierto la puerta de la fe a los Gentiles (hechos 14:27).

Eficaz y gran puerta se ha abierto para mí, y muchos son los adversarios (1 Corintios 16:9).

He aquí, yo estoy a la puerta y llamo. Si alguno oye Mi voz y abre la puerta, le entraré a él y cenaré con él y él conmigo (Apocalipsis 3:20).

Después de estas cosas miré y he aquí, una puerta abierta en el cielo. Y la primera voz que oí era como una trompeta, hablando conmigo, diciendo: "Ven aquí, y te mostraré las cosas que deben tener lugar después de esto" (Apocalipsis 4:1).

2. Puerta/Portal — la hoja o ala de una entrada plegable. Simboliza la puerta o portal que permite la entrada entre los reinos visibles e invisibles de Dios. Un portal o vestíbulo.

Ejemplos:

Entrar por la puerta estrecha; ancha es la puerta y amplio es el camino que conduce a la destrucción y hay muchos que entran por ella. Porque estrecha es la puerta y difícil el camino que conducen a la vida, y hay pocos que lo encuentran (Matthew 7:13 – 14).

Esforzarse por entrar por la puerta estrecha, porque muchos, debo decir, buscarán entrar y no podrán (Lucas 13:24).

*Entonces Jacob se despertó de su sueño y dijo: "ciertamente el Señor está en este lugar, y yo no lo sabía". Y estaba asustado y dijo, "este lugar es increíble! Esto no es otra que la casa de Dios, y esta es la puerta del cielo". (*Génesis 28: 16 – 17)

En el año que murió el rey Ussía, vi al Señor sentado sobre un trono alto y exaltado, y el tren de Su manto llenaban el templo. Sobre él estaban parados serafines; cada uno tenía seis alas: con dos cubrían el rostro, con dos cubrían sus pies y con dos volaban. Y uno gritó a otro y dijo: "Santo, Santo, Santo es el Señor de los ejércitos; toda la tierra está llena de Su Gloria". Los postes de la puerta fueron sacudidos por la voz del que gritaba y la casa se llenó de humo (Isaías 6:1 – 4).

Un portal celestial es una apertura esférica de la luz que ofrece la protección divina por la cual los Ángeles y seres celestiales pueden ir y venir sin interferencia demoníaca. Dios ha diseñado portales para comenzar en el tercer cielo, atravesar el segundo cielo y abrir sobre la tierra.

A lo largo de las escrituras, vemos la existencia de puertas o portales.

Alzaos, oh puertas, vuestras cabezas! Alzaos vosotras, puertas eternas! Para que entre el Rey de Gloria (Salmo 24:7).

Sin embargo dio órdenes a las nubes arriba y abrió las puertas del cielo (Salmo 78:23).

Bienaventurado el hombre que me escucha, velando cada día en mis puertas, esperando en los postes de las puertas (Proverbios 8:34).

Cierto, de cierto os digo que, de ahora en adelante veréis el cielo abierto y los Ángeles de Dios subiendo y bajando sobre el hijo del hombre (John 1:51).

Después de estas cosas miré y he aquí, una puerta abierta en el cielo. Y la primera voz que oí era como de trompeta hablando conmigo, diciendo: "Ven aquí, y te mostraré las cosas que deben tener lugar después de esto". Inmediatamente, estaba en el espíritu... (Apocalipsis 4:1–2).

La "puerta" en Apocalipsis sugiere la invitación de Dios para nosotros tener acceso a Su Reino celestial. Como sus amigos, el Señor quiere abrir las puertas del cielo y liberar una visita sin precedentes de huestes celestiales.

Entendimiento significa "discernir, prestar atención; actuar con circunspección; diligencia, la obediencia."

Buen entendimiento gana favor (literalmente, abre puertas), pero es difícil el camino de los infieles (Proverbios 13:15).

¿Cómo podemos ganar entendimiento?

La entrada de Tus palabras alumbra; da entendimiento a los simples (Salmo 119:130).

Así que inclina tu oído a la sabiduría y aplica tu corazón a entender (Proverbios 2:2).

*Por esta razón también, desde el día que lo oímos, no hemos cesado de orar por vosotros y de rogar que seáis llenos del conocimiento de su voluntad en toda sabiduría e **inteligencia espiritual**; para que andéis como es digno del Señor, totalmente agradable a Él, llevando fruto en toda buena obra y **creciendo en el conocimiento de Dios*** (Colosenses 1:9 – 10).

*Considere lo que digo, **porque el Señor te dará entendimiento en todo*** (2 Timoteo 2:7 LBLA).

Nuestra oración y garantía:

Muéstrame Tus caminos, Oh Jehová; Enséñame Tus caminos (Salmo 25:4).

… Estableces un límite (inscribes una impresión) para las plantas de mis pies (Job 13:27).

Defiende mis pasos en Tus caminos, que mis pasos no puedan deslizarse (Salmo 17:5).

Justicia irá delante de Él y hará sus pasos nuestro camino (Salmo 85:13).

Recuerda:

Cierto, de cierto os digo, el que cree en mí, las obras que yo hago l las hará también; y mayores obras que éstas hará, porque voy a mi Padre (Juan 14:12).

...como Él es, así que somos en este mundo (1 Juan 4:17).

¿Cuándo se soltara esto?

Y dijo: he aquí es un pleno día (literalmente, temprano en el día), ni tampoco es el tiempo de reunir el ganado: Dad de beber a las ovejas e ir a darles de comer (Génesis 29:7).

¿Qué día es este? Temprano en la mañana del Tercer y Séptimo día.

Acerca de Bruce D. Allen

A lo largo de los años, muchas iglesias, ciudades y naciones han sido tocadas e inspiradas por el poder de Dios de cambiar la vida fluyendo a través de Bruce Allen.

Talentoso en el ministerio profético y de enseñanza, el Señor usa a Bruce para impartir, activar y liberar individuos e iglesias a lo profundo del Reino del Espíritu. Una presencia convincente del Espíritu Santo impregna el ambiente, y no es inusual que las señales, prodigios y milagros fluyan libremente en cada reunión.

El corazón de Dios Padre es evidenciado en el Ministerio de Bruce mientras la presencia y gloria del Señor es liberada atrayendo a muchos de vuelta al Padre y provocando a muchos a sacar profundamente del pozo de Su presencia.

El mandato de Aguas Mansas Internacional es de "Preparar el camino del Señor y hacer caminos rectos para Sus pies". Este mandato se centra no sólo en el pronto regreso del Señor, sino también para aquellos que han sido hambriento por la presencia de Dios en una manera más profunda en su vida.

Ministerio Internacional Aguas Mansas

(Still Waters International Ministries)

Casilla de correos 1001 Chewelah, WA 99109

Teléfono: 509–340–1369

Email: abidesinrest@msn.com

Website: www.stillwatersinternational.org

www.ingramcontent.com/pod-product-compliance
Lightning Source LLC
LaVergne TN
LVHW051401080426
835508LV00022B/2929